POLÍTICA MÍNIMA

OUTROS LIVROS DO AUTOR

Ciências Políticas e Direito Público
O Procedimento Administrativo, Coimbra, Almedina, 1987; *Quadros Institucionais – do social ao jurídico*, Porto, Rés, 1987 (esgotado); refundido e aumentado in *Sociedade e Direito*, Porto, 1990; *Constituição, Direito e Utopia. Do Jurídico-Constitucional nas Utopias Políticas*, Coimbra, 'Studia Iuridica', Universidade de Coimbra/Coimbra Editora, 1996 (tese de doutoramento em Direito. Ciências Jurídico-Políticas, na Faculdade de Direito da Universidade de Coimbra); *Res Publica. Ensaios Constitucionais*, Coimbra, Almedina, 1998; *Mysteria Ivris. Raízes Mitosóficas do Pensamento Jurídico-Político Português*, Porto, Legis, 1999; *A Constituição do Crime. Da Substancial Constitucionalidade do Direito Penal*, Coimbra, Coimbra Editora, 1998; *Responsabilité et culpabilité*, Paris, P.U.F., 2001 (esgotado); *Teoria da Constituição*, vol. I. *Mitos, Memórias, Conceitos*, Lisboa /São Paulo, Verbo, 2002; vol. II. *Direitos Humanos, Direitos Fundamentais*, Lisboa / São Paulo, Verbo, 2000; *Direitos Humanos – Teorias e Práticas*, Coimbra, Almedina, 2003 (org.), prefaciado por Jorge Miranda; *Teoria do Estado Contemporâneo*, Lisboa / São Paulo, Verbo, 2003 (org.); *Política Mínima*, Coimbra, Almedina, 2003; *Miragens do Direito. O Direito, as Instituições e o Politicamente Correto*, Campinas, São Paulo, Millennium, 2003; *Anti-Leviatã. Direito, Política e Sagrado*, Porto Alegre, Sérgio Fabris, 2004; *Repensar a Política. Ciência & Ideologia*, Coimbra, Almedina, 2005

Filosofia do Direito
Pensar o Direito I. Do Realismo Clássico à Análise Mítica, Coimbra, Almedina, 1990; *II. Da Modernidade à Postmodernidade*, Coimbra, Almedina, 1991; *Amor Iuris. Filosofia Contemporânea do Direito e da Política*, Lisboa, Cosmos, 1995 (esgotado); *Lições Preliminares de Filosofia do Direito*, Coimbra, Almedina, 1998, 2.ª ed. revista e actualizada, Coimbra, Almedina, 2002; *Lições de Filosofia Jurídica. Natureza & Arte do Direito*, Coimbra, Almedina, 1999; *Le Droit et les Sens*, Paris, L'Archer, dif. P.U.F., 2000 (esgotado); *Temas e Perfis da Filosofia do Direito Luso-Brasileira*, Lisboa, Imprensa Nacional-Casa da Moeda, 2000; *O Ponto de Arquimedes. Natureza Humana, Direito Natural, Direitos Humanos*, Coimbra, Almedina, 2001; *Mythe et Constitutionnalisme au Portugal (1778-1826) Originalité ou influence française?* (Tese de Doutoramento na Secção de História do Direito, Centro de Filosofia do Direito, na Universidade de Paris II, antiga Faculdade de Direito de Paris), Lisboa, Centro de História da Cultura – Universidade Nova de Lisboa, em publicação); *Filosofia do Direito. Primeira Síntese*, Coimbra, Almedina, 2004

História Constitucional e das Instituições
Mito e Constitucionalismo. Perspectiva conceitual e histórica, Coimbra, Faculdade de Direito, 1990 – tese de Mestrado em Direito – Ciências Jurídico-Políticas, na Faculdade de Direito da Universidade de Coimbra (esgotado); *História da Faculdade de Direito de Coimbra*, Porto, Rés, 1991, 5 vols., Edição Comemorativa do VII Centenário da Universidade, patrocinada pela Faculdade de Direito de Coimbra, prefaciada por Orlando de Carvalho (com a colaboração de Reinaldo de Carvalho); *Para uma História Constitucional do Direito Português*, Coimbra, Almedina, 1995

Teoria Jurídica e Introdução ao Direito
Introdução à Teoria do Direito, Porto, Rés, 1988 (esgotado); *Noções Gerais de Direito*, Porto, Rés, 1.ª ed., 1988, várias eds. ulteriores (em colaboração com José Falcão, Fernando Casal, e Sarmento Oliveira). Há edição bilingue português-chinês, aumentada; *Problemas Fundamentais de Direito*, Porto, Rés, 1988 (esgotado); *Direito*, Porto, Asa, 1990; 2.ª ed. 1991; 3.ª ed., 1994 (esgotado); *Direito. Guia Universitário*, Porto, Rés, 1990 (colaboração com Javier Hervada); *Princípios de Direito*, Porto, Rés, 1993; *"Peço Justiça!"*, Porto, Asa, 1995 (esgotado); *Tópicos Jurídicos*, Porto, Asa, 1.ª e 2.ª eds., 1995 (esgotado); *Instituições de Direito. I. Filosofia e Metodologia do Direito*, Coimbra, Almedina, 1998 (org.); II. *Enciclopédia Jurídica*, Coimbra, Almedina, 2000 (org.), prefaciado por Vítor Aguiar e Silva; *Propedêutica Jurídica. Uma Perspectiva Jusnaturalista*, Campinas, São Paulo, Millennium, 2001 (em colaboração com Ricardo Dip)

Metodologia Jurídica
Droit et Récit, Québec, Presses de l'Université Laval, 2003; *Memória, Método e Direito. Iniciação à Metodologia Jurídica*, Coimbra, Almedina, 2004

Estudos Jurídicos Interdisciplinares
Arqueologias Jurídicas. Ensaios Jurídico-Políticos e Jurídico-Humanísticos, Porto, Lello, 1996; *Peccata Iuris. Do Direito nos Livros ao Direito em Acção*, Lisboa, Edições Universitárias Lusófonas, 1996; *Faces da Justiça*, Coimbra, Almedina, 2002; *O Século de Antígona*, Coimbra, Almedina, 2003; *Direito Natural, Religiões e Culturas*, Coimbra, Coimbra Editora, 2004 (org.)

Ensaios
O Tímpano das Virtudes, Coimbra, Almedina, 2004; *Lusofilias. Identidade Portuguesa e Relações Internacionais*, Porto, Caixotim, 2005

Poesia e Ficção
Tratado das Coisas Não Fungíveis, Porto, Campo das Letras, 2000; *E Foram Muito Felizes*, Porto, Caixotim, 2002; *Escadas do Liceu*, São Paulo, Mandruvá, Prefácio de Gilda Naécia Maciel de Barros, 2004; *Livro de Horas Vagas*, São Paulo, Mandruvá, Prefácio de Jean Lauand, 2005

PAULO FERREIRA DA CUNHA

POLÍTICA MÍNIMA

2.ª Edição, Corrigida e Actualizada

POLÍTICA MÍNIMA

AUTOR
PAULO FERREIRA DA CUNHA

EDITOR
EDIÇÕES ALMEDINA, SA
Rua da Estrela, n.º 6
3000-161 Coimbra
Tel.: 239 851 904
Fax: 239 851 901
www.almedina.net
editora@almedina.net

EXECUÇÃO GRÁFICA
G.C. – GRÁFICA DE COIMBRA, LDA.
Palheira – Assafarge
3001-453 Coimbra
producao@graficadecoimbra.pt

Junho, 2005

DEPÓSITO LEGAL
227281/05

Toda a reprodução desta obra, por fotocópia ou outro qualquer processo,
sem prévia autorização escrita do Editor,
é ilícita e passível de procedimento judicial contra o infractor.

Ao Pedro Ary

*"En effet, on appelle science
politique (ou civile) tout ce
que la cité dit ou fait
de manière rationnelle".*

THIERRY DE CHARTRES

"Eu não quero ter poder
Mas apenas liberdade
P'ra dizer aos do poder
O que entendo ser verdade".

AGOSTINHO DA SILVA

Preâmbulo à Primeira Edição

Este não é um livro erudito. Não é sequer um livro especializado. Escrito de um fôlego*, e num estilo de quase monólogo interior, praticamente de cor, e apenas fazendo escassíssimas citações, só ostenta notas de pé de página na Introdução. E, mesmo assim, como inicial reverência a um ritual académico, justificável atenta a natureza epistémica e metódica do paratexto, mas descabida no corpo do trabalho.

Percorremos um caminho inverso do usual. Por exemplo: no fim de cada capítulo, vimo-nos em apuros para reduzir à expressão mínima as referências bibliográficas que, em lugar de espaventar erudição, pudessem ser efectivamente lidas por quem deseje prosseguir no estudo. Um relativo artifício, que se nos perdoará, consistiu em remeter para outros livros nossos, onde propiciámos material mais vasto, mas em que realmente aprofundámos matérias dos respectivos capítulos. A bibliografia final procura também ser comedida, e, mesmo assim, a partir dela se encontrará material para mais de uma vida de estudo.

Estamos em crer que nele só encontrarão o erudito e o especialista motivos para crítica, e quiçá para irritação.

É também leitura profundamente desaconselhada a quem tenha excessivas certezas, e muito particularmente no domínio ideológico.

---

* Apenas o Capítulo XIII não é totalmente inédito, constituindo uma depurada revisitação do que sobre a temática publicámos no nosso *Pensar o Direito*, I vol.

Pelo que não recomendamos a sua leitura senão a leigos, e dotados daquela docilidade de espírito pronta a ouvir e a ponderar, tão olvidada hoje, mas que era outrora condição da aprendizagem tranquila e segura.

Nenhum proselitismo nos anima, pelo que o benévolo leitor fará certamente um simpático exercício de tolerância e até complacência ante um ou outro entusiasmo menos científico, tão óbvio que não enganaria nunca ninguém. Embora, na verdade, tenhamos cada vez mais dúvidas sobre a cientificidade de todas estas matérias... Ou sobre a cientificidade da própria ciência.

Coisa humana, radicalmente humana, terrivelmente humana – demasiado humana – aí está a Política, vista da janela de um Inverno desencantado, mas que, até por isso, teima em esperar a Esperança para uma próxima estação.

São Paulo, Verão de 2003 – Porto, Inverno de 2003

Nota Prévia à Segunda Edição

Para continuar a ser ainda o mesmo, este livro teve, nesta nova edição, de voltar a abster-se de erudições e de conter-se nas tentações bibliográficas. Para tais desenvolvimentos, nasceu entretanto um irmão seu, mais nutrido de fontes – Repensar a Política. Ciência & Ideologia, *Coimbra, Almedina, 2005.*

As revisões feitas nesta edição são, assim, primeiramente formais, *e visando maior clareza e mais rigor; e procurando a caça sem trégua às gralhas. Mas também* ideológicas – *não no sentido pobre do termo, mas no quanto podem reflectir evolução de Ideias, e de Esperança(s)... Contudo, seria impossível (e nem sequer foi tentado) retirar ao livro a marca do momento em que foi escrito. E esta prevenção se dirige ao leitor de hoje. Porque, em tudo o que é "contemporâneo", algo pode haver que não se refira exactamente à novidade da hora que passa, ou ao contexto em que venha a ser lido.*

Índice Geral

Preâmbulo à Primeira Edição 9

Nota Prévia à Segunda Edição 11

Introdução
POLÍTICA E CIÊNCIA(S) – *Epistemologias e Metodologias* 17

Parte I
DO SUJEITO POLÍTICO – *Tópicos antropológicos e sociológicos*
    Capítulo 1. Natureza Humana 35
    Capítulo 2. Homem e Sociedade. O "Animal político" 47

Parte II
DO OBJECTO POLÍTICO – *Tópicos politológicos liminares*
    Capítulo 3. Política 53
    Capítulo 4. Poder 59
    Capítulo 5. Governo, governantes, governados 63

Parte III
DOS FUNDAMENTOS E FINS POLÍTICOS – *Tópicos filosófico-políticos*
    Capítulo 6. Pessoa e Liberdade 69
    Capítulo 7. Autoridade e Legitimidade 79
    Capítulo 8. Justiça, Bem Comum e Justiça Social 87

Parte IV
DA ESTRUTURA POLÍTICA OU DAS INSTITUIÇÕES POLÍTICAS
– *Tópicos juspolíticos*
    Capítulo 9. Constituição e Constitucionalismos 97
    Capítulo 10. Povo, Nação, Estado, Supra-Nacionalidade, Soberania e
    de outras formas políticas 111
    Capítulo 11. Formas de Governo 123
    Capítulo 12. Direitos e Deveres 135

Capítulo 13. Organização e Controlo do Poder. Estado, Poderes e Separação dos Poderes 143

Capítulo 14. Sufrágio, Democracia e Representação política. O Estado de Direito 195

Epílogo
DA DINÂMICA POLÍTICA OU DOS CONFLITOS POLÍTICOS
Tópicos ideológicos 209

Bibliografia Geral 223

Índice Analítico 237

Introdução

POLÍTICA E CIÊNCIA(S)
Epistemologias e Metodologias

1. A Definição *tout court* e a Descrição definitória

2. A Definição pela Etimologia

3. A Introdução Histórica

4. A Filosofia e a Epistemologia

5. Primeiros Caminhos para o Estudo da Política

6. Epistemologia Mínima

7. Metodologia Mínima

8. Política, Poderes e Normatividades

Introdução

POLÍTICA E CIÊNCIA(S)
Epistemologias e Metodologias

> *"A fusão dos géneros é uma tendência da história do espírito europeu, cuja intenção irónica plenamente partilho".*
>
> Wolf Lepenis, *Ascensão e Declínio dos Intelectuais na Europa*, p. 85

Como começar um primeiro livro sobre Política, de vocação geral, mas com preocupação e génese primacialmente universitárias? Todos temos uma ideia empírica do que seja a Política. Todavia, o tipo de abordagem visado não se compadece com explícitas ou implícitas noções do senso comum. E todavia... nem todas as abordagens valerão o mesmo. Detenhamo-nos por um momento sobre essa problemática, prévia ao próprio começar...

Sobre as grandes questões merecedoras de tratamento universitário[1] pode haver e tem havido vários tipos de abordagem pre-

---

[1] E na Universidade digna desse nome apenas têm lugar matérias com especial elevação, como o estudo de grandes temas, dotados de universalidade, abertura para o todo. Cf., especificamente, JOSEF PIEPER, *Offenheit fuer das Ganze – die chance der Universitaet*, trad. bras. de Luiz Jean Lauand e Gilda

paratória, inicial, introdutória. Basicamente poderíamos dizer que o processo mais corrente é o das definições. Na verdade, trata-se de definições de vários tipos: axiomas definitórios, descrições definitórias, etimologias definitórias e tautologias definitórias. Começaremos por estes vários modelos, para seguidamente apreciarmos outras propostas, sobretudo históricas e epistemológicas. No final, tentaremos um balanço e uma posição crítica.

Nesta Introdução curaremos, pois, de questões epistemológicas e metodológicas. Nas epistemológicas privilegiaremos a epistemologia externa ou geral, que confronta a *episteme* (ou ramo do saber) em causa com outros, outras realidades, outros desafios.

1. A Definição tout court e a Descrição definitória

Durante muito tempo, foi hábito começar os estudos das diferentes disciplinas pela sua definição. Tal ainda se faz muito correntemente, embora o número de manuais, tratados e afins que por aí comecem vá declinando. Sendo aparentemente lógico e útil, todavia em alguns casos, sobretudo no campo artístico, filosófico, e humanístico em geral, incluindo o jurídico e o político, o procedimento definitório, sobretudo se inicial, revelou-se muito formalista, manietador. Nalguns casos reprimiria mesmo a evolução e expansão ou profundidade dos estudos, por confinar *a priori* o objecto ou outro elemento determinador do *quid* em análise. Embora as disciplinas vivas pouco se incomodem com as teorias enclausurantes e tenham em si uma vocação totalitária, de expansão por largos "espaços vitais". Em outros casos, uma observação mais rigorosa e crítica descobriria que a definição apresen-

---

N. Maciel de Barros, *Abertura para o Todo: A Chance da Universidade*, São Paulo, APEL, 1989. A Universidade é, por excelência, o lugar da universalidade dos saberes, dos especialistas do geral (passe a aparente contradição). Querer transformá-la em escolas profissionais especializadas para bons empregos (ou menos maus) é que tem destruído a sua qualidade e o seu espírito.

tada e o desenvolvimento dos estudos se encontravam muitas vezes divorciados, como que justapostos, não correspondendo este aos limites traçados por aquela.

Do mesmo modo que a definição, também a chamada "descrição" acaba por fazer correr perigos semelhantes, já que a descrição pouco mais será que uma definição loquaz, mais longa, mais pormenorizada, quando não mesmo apenas redundante. Por outro lado – e este aspecto não é de pouca monta – a definição é, desde logo, um elemento de uma determinada metodologia. Uma metodologia não universal nem objectiva, como se pretendia, mas datada, contingente, e em grande medida falseadora: a metodologia positivista.

Acresce à debilidade da definição o facto de (como no meio universitário tradicional cada cabeça normalmente produzia sua sentença) a pulverização de definições de cada disciplina ter crescido em progressão geométrica. Na verdade, poucos docentes se conformavam com uma definição das usuais, chegando-se ao extremo de composição artificial de novas definições a partir das existentes, numa pretensa originalidade que apenas constituía *ars combinatoria*[2].

E no *mare magnum* das definições desencontradas, acabou em alguns casos (nomeadamente para a Economia e a Sociologia) por recorrer-se a uma tautologia: assim, a ciência *x* seria *o que os cientistas que cultivam tal ciência fazem. A Economia é o que os Economistas fazem, a Sociologia é o que os Sociólogos fazem.*

Esta fórmula de modo nenhum convém à Política (nem sequer às disciplinas da Política), que não é de modo nenhum apenas o que os políticos fazem. O que se tornará mais complicado ainda se enveredarmos por essa outra dissolução conceitual dos que

---

[2] Cf., *v.g.*, a crítica de um procedimento semelhante *in* Jacques Leclercq, *Do Direito Natural à Sociologia,* trad. bras., S. Paulo, Livraria Duas Cidades, s/d.

afirmam que todos somos políticos, ou todos os nossos actos são políticos...Uma generalização tão exagerada e imprestável quanto aquela ingénua (ou manhosa) afirmação de uma certa voz corrente que afirma: "Eu não me meto em política, a minha política é o trabalho".

2. A Definição pela Etimologia

Mas voltemos às tentativas científicas. Uma outra forma de começar foi a etimológica. Buscando a origem das palavras, normalmente das palavras componentes da designação da disciplina, procurava-se encontrar uma noção da mesma. Fascinante procedimento, esse. E instrutivo, além de simbólico, muitas vezes. Mas, para além do carácter hipotético (ou até fantasioso) de certas etimologias[3], não só nem sempre as escolhas fundadoras ou prevalecentes foram felizes, não espelhando sempre cabalmente o que se trata, como ainda a evolução semântica e a derrapagem semântica dos vocábulos em questão é susceptível de causar refrangências interpretativas.

3. A Introdução Histórica

Outro modo de introduzir uma área do saber é o histórico. Nietzsche, numa intuição brilhante, afirmou que "o que tem história não tem definição".

Embora, como António Sérgio bem observou, haja entre nós (ou tenha havido) uma tendência excessiva para a introdução "his-

---

[3] A efabulação etimológica é registada mesmo em Isidoro de Sevilha (todavia um autor genial e importantíssimo), e retratada nos nossos dias com graça por um JAVIER MARÍAS, *Todas las Almas*, trad. port. de Salvato Telles de Menezes, com Prefácio de António Lobo Antunes, *Todas as almas*, Lx., Dom Quixote, 2002.

tórico-genético-filosófico-preparatória"[4] (de que este mesmo texto de algum modo poderia considerar-se exemplo), se forem guardadas as devidas proporções, a compreensão de um objecto no presente – e *a fortiori* se se trata de coisas humanas, sociais, humanísticas, normativas, políticas – depende da sua compreensão no devir histórico, porque depende da sua contextualização e evolução. As coisas não são só *como são* agora. Na verdade, as coisas são agora na sua circunstância e desaguam no hoje com o caudal de suas águas passadas. O presente é em parte o seu passado.

4. A Filosofia e a Epistemologia

Não chega, porém, a compreensão histórica para introduzir uma matéria. Ela necessita de uma compreensão filosófica.

Ora nessa compreensão filosófica vários tipos de preocupação podem condensar-se. Nas últimas décadas, e acelerando-se em paralelo com a ascensão universitária dos cultores de certas visões da pós-modernidade[5], embora nem sempre em diálogo

---

[4] ANTÓNIO SÉRGIO, *Cartas de Problemática*, Carta n.º 4, Lx., 1952. Vale a pena citar o trecho, muito saboroso e instrutivo: "Liga-se a este culto da sabichice estreme o portuguesíssimo apego às introduções gerais. Sempre que um típico intelectual lusitano tem por mira instruir-nos sobre determinado assunto – embrenha-nos na selva de uma introdução genérica, histórico-genético-filosófico-preparatória, cheia de cipoais onde se nos enreda o espírito e de onde nunca se avista a estrada recta e livre. Depois, quando já nos achamos cerca da orla da floresta, principiando-se a enxergar o bom caminho e o objectivo – pronto!, acaba-se o fôlego ao nosso autor e a nós próprios, exactamente no instante em que se ia abordar o tema".

[5] Essas perspectivas pós-modernas melhor se designariam por "tardo-modernas". Mas de nada vale lutar contra rótulos instalados. Todavia, o que sucede é que alguns dos que, de início, saudaram a post-modernidade como uma verdadeira ruptura com a modernidade decerto já não se identificam com o que veio muito alargadamente a significar. Cf. o nosso *Pensar o Direito*, II. *Da Modernidade à Postmodernidade*, Coimbra, Almedina, 1991, máx. pp. 15-57. v. ainda FERNANDO DOS SANTOS NEVES, *Introdução ao Pensamento Contemporâneo*.

22 *Política Mínima*

explícito com tais correntes e paradigmas, temos assistido a um proliferar das preocupações epistemológicas como matéria introdutória às diferentes disciplinas.

Se a própria *démarche* definitória já constitui, embora de forma depurada, reduzida à sua expressão mais simples, uma preocupação epistemológica, estamos agora perante estudos tão agudos, tão subtis, tão pormenorizados, que, agora sim, nos arriscamos a não passar da introdução, por perda de fôlego, como ironizava Sérgio para um tipo completamente diferente de introduções.

Sem negarmos a importância de que se aprofundem estas questões, e a utilidade dos seus resultados finais, estamos todavia convencido de que não pode ser essa a estrada que leve ao conhecimento primeiro (e sobretudo introdutório) de qualquer área de estudos.

5. Primeiros Caminhos para o Estudo da Política

Mas concentremo-nos especificamente agora na nossa matéria, a Política.

O caminho deve ir-se fazendo caminhando, e assim a componente histórica e filosófica da introdução, mais do que história de um ciência (no sentido geral de *episteme*) e filosofia, na sua especialidade epistémica sobre a mesma, deverá ser história da própria matéria em estudo e reflexão filosófica (e não especificamente epistemológica) sobre os grandes temas da mesma.

Razões e Finalidades, Lx., Edições Universitárias Lusófonas, 1997. Sobre a camuflagem de posições de modernidade sob a capa pós-moderna (no caso, o positivismo jurídico, mas há muitas mais e mais vastas), JAIME FRANCISCO COAGUILA VALDIVIA, *La postmodernidad light. Crítica sobre las nociones de Postmodernidad en el discurso jurídico contemporáneo*, in "Revista Telemática de Filosofía del Derecho", – http://www.filosofiayderecho.com/rtfd/numero5/ postmodernidad.htm (16 – VIII– 2002).

Compreender-se-á a Política sobretudo pela História das Ideias Políticas e pela Filosofia Política em si mesmas, entrando sem muita delonga nelas, sem consumir previamente o espírito na respeitável (mas muito menos urgente) polémica sobre o carácter científico (e, se afirmativamente, de que tipo, e com que afinidades, etc.) da disciplina, sobre o ser singular ou plural (ciência política ou ciências políticas). Ou outras questões do estilo.

Autores muito respeitáveis colocam sérias reticências a esta vaga de epistemologismo e metodologismo[6], que por vezes parece quererem afastar-nos dos problemas de fundo.

Do mesmo modo que se poderá falar de *meta-filosofia* ou, talvez ainda melhor, de *peri-filosofia,* para designar esses estudos que *ficam pelo caminho* da finalidade última e substancial, da "investigação fundamental" em Filosofia[7], também poderíamos falar em *metapolitologia* para referir, entre outros, os estudos epistemológicos prévios ao estudo da Política. Não se tratará, neste caso, de "saberes de substituição"[8], mas de saberes "de preparação". A menos que tal exercício prévio e indagação preliminar, de tão preocupada com os longes da lógica e da gnoseologia mais profundas, ou com as sempre mesquinhas guerras de delimitação de território (imperialista ou purificadora, conforme por excesso ou por defeito), nos faça esquecer o que mais importa. Nesse caso, ainda que involuntariamente, estaríamos perante estudos de substituição.

---

[6] Como preâmbulo à consideração do metodologismo, haverá que considerar obras como a de PAUL DE MAN, *The Resistance to Theory*, trad. port. de Teresa Louro Pérez, *A Resistência à Teoria*, Lx., Edições 70, 1989, ou (mais próxima do nosso tema) de NELSON SALDANHA, *Da Teologia à Metodologia. Secularização e Crise no Pensamento Jurídico*, Belo Horizonte, Del Rey, 1993.

[7] Cf. GILLES LANE, *À quoi bon la Philosophie*, 3.ª ed., Québec, Bellarmin, 1997.

[8] JEAN-MARC TRIGEAUD, *La Théorie du Droit face aux savoirs de substitution*, in "Persona y Derecho", vol. 32, 1995, p. 23 ss.. Numa outra clave, mas também muito esclarecedor, BERNARD EDELMAN, *Le Droit, les 'vraies' sciences et les 'fausses' sciences,* in "Archives de Philosophie du Droit", XXXVI, Paris, Sirey, 1991, p. 55 ss.

A verdade é que o estudo especificamente destinado a politólogos pode justificar essa preocupação. Tal não é o nosso caso, porém. O público que visamos, sem querer excluir, obviamente, os oficiais do ofício (que todavia aqui não aprenderão certamente nada, antes poderão observar múltiplas imperfeições), é muito mais vasto, e na verdade pouco preocupado sobre os problemas do círculo interior das congregações destas matérias. O que visamos antes de mais é, pois, o conhecimento da Política, não o estudo de um ou vários tipos de reflexão sobre ela.

6. Epistemologia mínima

Apesar de todo o exposto, não conseguimos deixar de ceder à tentação de exprimir algo da nossa concepção sobre o estatuto epistemológico dos estudos sobre a política.

Os estudos sobre a política só ganham, a nosso ver, em ser trans-multi-inter-disciplinares. Se a construção de uma ciência autónoma da política, chame-se Politologia, Ciência Política, ou outra coisa, é um empreendimento inegável e de grande pujança na investigação e com presença real nas Universidades de todo o mundo e entre nós[9], a sua compreensão limitadora (designada-

---

[9] Sínteses da evolução institucional da Ciência Política podem colher-se, v.g., in MIGUEL CAMINAL BADIA (ed.), *Manual de Ciencia Politica*, 2.ª ed., reimp., Madrid, Tecnos, 2001, máx. pp. 23-29. Para a evolução portuguesa destes estudos, cf. JOSÉ ADELINO MALTEZ, *A Procura da Ciência Política*, Lx., relatório de Agregação no ISCSP, 1997 – http://maltez.home.sapo.pt/. Além de vários estudos, cuja referência facilmente se encontrará na respectiva *homepage*, e na do Centro de Estudos do Pensamento Político – http://www.iscsp.utl.pt/~cepp/indexanu.php3. Em geral, v. ainda, em língua portuguesa, por todos, FRANCISCO LUCAS PIRES, *Introdução à Ciência Política*, Porto, Universidade Católica, 1998, p. 9 ss., máx. pp. 19-37; JOSÉ ADELINO MALTEZ, *Princípios de Ciência Política*, Lisboa, ISCSP, 1996, máx. p. 23 ss.; MARCELLO REBELO DE SOUSA, *Ciência Política. Conteúdos e Métodos*, Coimbra, Coimbra Editora, 1989; PAULO BONAVIDES, *Ciência Política*, 4.ª ed., Rio de Janeiro, Forense, 1978, p. 1 ss., máx. pp. 18-27. E, por último, o nosso *Repensar a Política*.

mente quando, implícita ou quase explicitamente, se reconduz a uma simples sociologia política, ou estatística ou matemática da política) não é obviamente de molde a fazer compreender toda a vastidão do fenómeno político. Entre nós, sob a designação de Ciência Política têm tido perfeito e pacífico acolhimento, além destas matérias, e até prevalecendo sobre elas, quer a História das Ideias Políticas, quer a Teoria Geral do Estado, quer matérias da própria Filosofia Política e até da Filosofia do Direito (e/ou do Estado).

Se algumas inclusões podem ser discutíveis no plano do rigor epistemológico, já não parecem sê-lo no plano formativo, pois bem se compreende, por exemplo, que um estudante de Ciência Política ou Relações Internacionais (e de muitas outras Ciências Sociais e Humanas *lato sensu*) tem muito a ganhar com o conhecimento da Filosofia Política e Jurídica, o que, em certos casos, não pode ser senão feito em disciplinas de Teoria Política ou mesmo Ciência Política. Em sentido inverso se diga do que poderia ocorrer com um estudante de Direito, que na maioria dos casos, na maioria dos *curricula* vigentes, ficaria sem grandes hipóteses de conhecer matérias essenciais de quase todo o fenómeno político (aliás vital para o Direito Público, designadamente o Constitucional, mas não só) se o estudo da Ciência Política se circunscrevesse à sua dimensão matemática ou sociológica, ou se, por seu turno, a Filosofia Política ou do Direito (e do Estado) se limitassem ao seu muito específico âmbito.

E o curioso é que chegamos ao cerne do problema. Não consideramos haver uma questão de substância, de essência, nas disciplinas. Duvidamos seriamente que no céu dos arquétipos inteligíveis existam estátuas frias e estáticas de mármore, com dísticos gravados a oiro, dizendo: Ciência Política, Filosofia Política, Matemática para Ciências Sociais, Teoria Geral do Estado, Filosofia do Direito e do Estado, etc., etc.. Ao invés se nos afigura que estas divisões são coisas humanas (por vezes *demasiado humanas*), e que servem essencialmente objectivos de ordenação de investigação e também de ensino.

Não curando especificamente da alta e especializada investigação, atenta a situação do ensino no nosso País (que inúmeras vezes temos tido ensejo de comentar), afigura-se-nos ainda mais imprescindível este estudo não compartimentado, nem preocupado com a invasão de searas alheias. A falta clamorosa de cultura geral deve-se a uma demissão criminosa do dever de ensinar e avaliar, mas também se deve a uma negligência culposa que se traduz pela reiterada devolução de matérias e responsabilidades aos outros. Cada educador, cada docente, desde os primeiros bancos da escola, tem tido a arte de atirar as culpas e a função de ensinar e/ou educar para os demais: para cima ou para baixo. A *bola* (ou a *batata quente*) do ensinar não pode ser atirada de ânimo leve para o vizinho... No estudo da Política, o constitucionalista não poderá endossar para o politólogo, o politólogo para o filósofo político, o filósofo político para o filósofo do direito, este de novo para o constitucionalista. Nesta ou noutra ordem qualquer... Há, evidentemente, matérias mais de uns que de outros. Mas a compreensão global do fenómeno exige o concurso de saberes de todas estas áreas (e outras: como a História política, das instituições, das mentalidades, a História constitucional, etc., etc.).

Encurtando razões, sem querer usurpar matérias nem impor matérias a outros, afigura-se-nos que o mais importante é mesmo compreender os grandes temas e problemas da política de sempre, debatendo-os sem perder de vista a sua expressão jurídica, mas sobretudo de forma histórica e filosófica. Mas, mais do que tudo, trata-se é de não ignorar as próprias limitações de qualquer disciplina, e de não esquecer o carácter esquivo, indomável até, da política, que é avessa a encarcerar-se em malhas racionais e formalistas, sobretudo as científicas[10].

---

[10] Sobre os limites referidos, por todos, NEVIL JOHSON, *The Limits of Political Science*, Oxford University Press, 1989, trad. cast. de Julia Moreno San Martín, *Los Límites de la Ciencia Politica*, Madrid, Tecnos, 1991. Sobre a "compatibilização" entre os termos "ciência" e "política", cf., *v.g.*, JEAN-MARIE DENQUIN, *Science Politique*, 4.ª ed., Paris, PUF, 1992, máx. pp. 7-125, máx. p. 103 ss.. Sendo uma obra muitíssimo útil, interessante e sábia, todavia não nos convence completamente quanto à verdadeira especificidade da Ciência Política face a uma Sociologia Política. E todavia, a questão é mais complexa

Aliás, já se havia em geral considerado que não só a modernidade tinha, desde pelo menos o pré-romantismo, esbatido consideravelmente as barreiras entre ciências e ciências e artes, como o advento dos tempos actuais, a que alguns chamam pós-modernos, terá imposto a total confusão dos géneros[11]. Na verdade, porém, a tendência começa a desenhar-se desde o Renascimento – desde logo com a própria elevação da arte a uma espécie de ciência: atente-se na Pintura como *cosa mentale* em Leonardo Da Vinci, no rigor dos seus tratados, e na multidisciplinaridade da sua acção...

Por isso é que nos parece muito compreensível o aparecimento de cada vez mais obras – em geral ligadas a cadeiras universitárias – que vão fugindo a uma catalogação epistemológica muito clara, e que se acolhem sob o manto protector da Teoria Política, Pensamento Político, ou Ideias Políticas, e não raro ainda apondo-lhes a modelação protectora de "Introduções"[12]...

Nesta Introdução, procuraremos, assim, não utilizar axiomas definitórios, descrições definitórias, etimologias definitórias ou tautologias definitórias. E não nos preocuparemos em definir polémica ou eruditamente as grandes malhas teóricas que presidem ao nosso estudo.

Todavia, é impossível prescindir, logo nos "grandes temas" de estudo, da discussão de algumas questões que são, efectiva-

---

ainda: não esqueçamos que "(...) a literatura foi a melhor das sociologias e (...) tantas vezes a sociologia procurou imitar a literatura – quase sempre sem o conseguir", como afirmou WOLF LEPENIES, *Ascesa e declinio degli Intellettuali in Europa*, Roma/Bari, Laterza, 1992, trad. port. de João Gama, *Ascensão e declínio dos intelectuais na Europa*, Lx., Edições 70, 1995, p. 85. Ainda sobre de "uma ciência para a política", entre nós, NUNO ROGEIRO, *Política*, 3.ª ed., s/l, Quimera, 2002, p. 89 ss..

[11] WOLF LEPENIES, *Ascensão e declínio dos intelectuais na Europa*, pp. 85-86.

[12] De entre muitos, cf., *v.g.*, MICHAEL ROSEN & JONATHAN WOLFF (eds.), *Political Thought*, Oxford, Oxford University Press, 1999; ANDREW HEYWOOD, *Political Theory. An Introduction*, 2.ª ed., Houndmills/Nova Iorque, 1999; PETER M. R. STIRK & DAVID WEIGALL, *An Introduction to Political Ideas*, Londres, Pinter, 1995.

mente, daquilo a que se pode chamar "epistemologia geral" ou "externa". Desde logo, não seria possível prescindir de algumas considerações sobre as relações entre Direito e Política. Mas, evidentemente, não se trata de discutir (senão incidentalmente) as relações entre os saberes e os fazeres do Direito (arte ou ciência jurídica, técnica jurídica, etc...) e os saberes e os fazeres da Política (arte, ciência(s), técnica, doutrinas, teorias, etc., etc..). Mas primacialmente distinguir as águas do que é político e do que é jurídico. Sobretudo num tempo como o nosso em que tanta confusão impera. Também importa relacionar a Política e a Economia, a qual é muito mais do que "aquilo que os economistas fazem"...

Como curámos dessas questões noutros livros, não nos pareceu porém muito curial, nem prático, repetir ou sequer resumir aqui o já dito, pelo que expressamente remetemos para os estudos em que curámos *ex professo* dessas questões. Apenas fazemos (no ponto 8. desta Introdução) uma referência mínima à questão, remetendo, em nota, para esses textos[13]. Que são essencialmente as nossas *Lições Preliminares de Filosofia do Direito, O Ponto de Arquimedes*, e *Repensar a Política. Ciência & Ideologia*.

7. Metodologia Mínima

Com mais actualidade no panorama das ciências e saberes (*epistemai* em geral) do que o conflito dos métodos (*Methodenstreit*) só mesmo a *epistemomaquia*, a luta entre as congregações científicas. Felizmente que cientistas políticos e juristas são amigos,

---

[13] Coisa diversa sucede com o Capítulo XIII, na questão da Separação dos Poderes, que recupera, depurando-o, um perdido ensaio sobre a matéria num livro que é fundamentalmente de Filosofia do Direito: *Pensar o Direito*, vol. I. O seu lugar parece ser mais aqui do que lá, embora, para as conexões míticas da questão e a sua relação com a trifuncionalidade social indo-europeia deva voltar-se a esse texto inicial.

e têm entre si uma *santa aliança* que, alargada a outros Humanistas, procura defender o saber do Homem contra a barbárie tecnocrática.

Inserida classicamente nas Ciências Humanas, e depois nas Ciências Sociais, a Ciência Política tem sido levada a comungar dos métodos das mesmas[14], especialmente da Sociologia, da Economia (embora muito mais da primeira), e obviamente não esquecendo aportações metodológicas históricas, demográficas, da Geografia Humana, etc., etc. A estatística e afins têm tido grande importância no domínio da matemática eleitoral, que passa não só pelas formas matemáticas de representação (desde logo o nosso célebre método de Hondt), como se espraia pelo universo fascinante do cálculo de probabilidades. Sondagens, projecções eleitorais e outros rituais a que nos habituámos pela televisão têm na sua base (ou devem ter) sólida metodologia de Ciências puras e duras, ou exactas.

Mas é evidente que a *Scientia Politica* não é apenas uma politologia meramente sociológica, muito menos sociologista e restrita aos métodos quantitativos. Ela necessita de um sopro de humanidade e um suplemento de alma, e não prescinde da Filosofia Política, da História Política, e respectivos métodos, e, enfim, de algum impressionismo metodológico de quando em vez.

8. *Política, Poderes e Normatividades*

A Política conexiona-se profundamente com o sagrado, o mágico, o mítico e o teológico[15] (veja-se o carácter sacral da soberania, da representação, ou o carácter ritual ou sacrificial da

---

[14] Cf., *v.g.*, MADELEINE GRAWITZ, *Méthodes des Sciences Sociales*, 7.ª ed., Paris, Dalloz, 1986 (há eds. mais recentes).

[15] Cf., *v.g.*, MICHEL VILLEY, *Théologie et Droit dans la science politique de l'Etat Moderne*, Rome, Ecole française de Rome, 1991; e o nosso *Anti-Leviatã*, Porto Alegre, Safe, 2005.

guerra)[16]. Mas também está cada vez mais dependente das trocas e das riquezas, da cataláctica e da crematística – da Economia[17]. E o seu veículo clássico, em sociedades da palavra como as ocidentais, era a retórica, e o seu palco é hoje a comunicação social: a política semiotizou-se e, infelizmente, banalizou-se também, na nossa sociedade do espectáculo, onde há mais circo que pão. Por outro lado, o Direito procura discipliná-la, e ela só verdadeiramente é benfazeja quando, em tempos de justa bonança, se desenvolve no respeito pelo Direito positivo, e em tempos de pérfida tirania o rompe, apelando para o Direito Natural ou para a Justiça. Mas é absolutamente imprescindível saber rigorosamente onde começa e onde acaba o Direito e a Política: e compreender que o Direito, tal como foi criado pelos Romanos, constituíu uma espécie de "reserva" face à mutabilidade incessante da Política[18]. E à possibilidade de a política instaurar a injustiça, promover injustiças.

O verdadeiro conhecimento da política, a vera *Scientia Politica*, não pode, assim, enquistar-se nas apertadas regras de um método (para lembrar um livro de Durkheim[19]), antes não deve hesitar em utilizar todas as fórmulas possíveis de captação do

---

[16] Pistas para a questão nos nossos *Teoria da Constituição*, I. *Mitos, Memórias, Conceitos*, Lisboa / São Paulo, 2002, máx. pp. 23-248, e *O Direito e o Sagrado*, in "Psicologia, Educação e Cultura", vol. VI, n.º 2, Dezembro 2002, pp. 363-377, hoje in *Anti-Leviatã*, cit., p. 11 ss.

[17] Sobre Direito, Economia e Política (mas especialmente sobre os dois primeiros), cf. o nosso "Direito e Economia", in *Princípios de Direito*, Porto, Rés, 1993, pp. 233-277.

[18] É indispensável a clareza de ideias nestas matérias. Sobre a autonomia do Direito, por todos, v. o nosso *Lições Preliminares de Filosofia do Direito*, 2.ª ed., revista e actualizada, Coimbra, Almedina, 2002. E o nosso *O Ponto de Arquimedes. Natureza Humana, Direito Natural, Direitos Humanos*, Coimbra, Almedina, 2001, p. 135 ss., máx. pp. 149-160. E, por último, *Repensar a Política*, máx. p. 60 ss.

[19] EMILE DURKHEIM, *Les Règles de la méthode sociologique*, Paris, PUF, ed. de 1990.

real, desde a mais depurada ciência à mais simples intuição criativa. Não nos esqueçamos de que a Política é coisa de Homens, seres racionais, mas também muito irracionais: e ela é, precisamente, testemunho tanto de uma coisa como de outra. O que, longe de constituir uma debilidade face às pretensões de estudos pretensamente mais rigorosos ou "puros", pelo contrário é uma vantagem. Quem não aspira à "Verdade" não cai tão facilmente no "erro".

Parte I

DO SUJEITO POLÍTICO

Tópicos antropológicos e sociológicos

Capítulo 1. Natureza Humana

Capítulo 2. Homem e Sociedade. O "Animal político"

Capítulo 1. **Natureza Humana**

1.1. *Política, Actividade Humana*

A política é, antes de mais, uma actividade humana. A revolta luciferina dos anjos não é política, mas do domínio da teologia, ou da mitologia, ou de ambas. Os conflitos entre bandos de primatas ou os duelos de lobos não são questões de política. A Etologia, ciência do comportamento animal, muito ensina à Ciência Política, mas apenas naquilo que possa ser comum a homens e animais. E as modas recentes de sobrevalorizar os direitos dos animais, como as teorias de um Peter Singer, dizem mais do desnorte do próprio Direito em certos sectores e áreas culturais do que podem esclarecer os problemas do justo (Direito) ou do poder (Política).

A política, com efeito, não apenas é uma actividade humana como é própria da natureza humana. Ou, pelo menos, da condição humana (sendo a natureza o ideal e a condição o real).

1.2. *Realidade e Natureza da Natureza humana*

Discute-se longamente se há tal natureza, muitas vezes sem nos darmos conta de que tal problema nos remete para uma questão absolutamente radical: se o próprio Homem realmente existe. Sem uma essência, uma finalidade, um "programa", sem uma maneira de ser, ao menos em potência, o Homem, casca de noz sem norte no oceano revolto das circunstâncias, seria para alguns um simples existir, um ser sem instintos, e portanto com a inteira liberdade de conformar o seu destino. O existencialista Jean-Paul Sarte remete a inexistência de uma natureza humana para a inexistência de Deus: sem Deus, não haveria, pois, verdadeiramente Homem.

Todavia, se é certo que a crença religiosa pode tranquilizar mais fortemente, sobretudo no plano psíquico, as diferentes ideias de Homem dos crentes dos vários credos, nem por isso se poderá afirmar que, em absoluto, o Homem dependa de um Deus para justificar-se. E, mais ainda: uma das provas da perfeição da obra divina parece-nos ser, precisamente, o não ser necessária uma crença transcendente para se poder concluir da ordem do mundo (ou desejá-la). Há um lugar paralelo na filosofia jurídica. Já Grotius afirmara que, mesmo que Deus não existisse, ainda assim existiria Direito Natural. Ora o Direito Natural é a decorrência jurídica de uma natureza humana. E apenas porque existe este e fundado naquela podemos, por exemplo, tranquilamente afirmar, sem dúvidas, a legitimidade dos direitos humanos. Falhasse acaso qualquer dos pressupostos, jurídico (Direito Natural) ou fáctico (natureza humana), já essa grande linguagem comum da Política e do Direito dos nossos dias se encontraria em sérios apuros para encontrar um ponto de apoio seguro: um ponto de Arquimedes.

Consequentemente, abalam-nos as teorias negadoras do Homem e da Natureza Humana. Perante a complexidade do fenómeno humano, diante da multiplicidade de soluções concretas que os diferentes homens, em várias sociedades e civilizações, encontraram para os seus problemas, é natural que espíritos menos sistemáticos, ou menos sintéticos, mais propensos à disjunção e à análise que à visão de conjunto, mais dados a separar do que a unir (mas não a *separar para melhor unir*), desesperem por encontrar esse fio agregador das pérolas do colar humano. Perante a variedade e contraditoriedade de atitudes, crenças, soluções, o seu veredicto é o da desordem, da ausência de uma realidade essencial comum. E quem pode realmente permanecer tranquilo ante as desumanidades, as barbáries e as alienações, com que "pacientemente se erguem os grandes vazios da condição humana" (Levi

Malho)? No Direito e na Moral manifesta-se também essa descrença na unidade do justo, e tal sucede aparentemente mesmo em autores crentes, e de crença rigorista (jansenista) como Pascal. São célebres as suas reflexões sobre a mudança do justo para cá ou para lá dos Pirinéus, ou de uma margem para a outra de um rio, ou com a diferença de latitude. Neste aparente cepticismo relativista, Pascal parece Montaigne...

Uma historieta já clássica, porém, nos ajudará a compreender o sentido dessa variedade, por vezes desalentadora, por vezes pretensamente confirmadora da geral anomia ou libertinagem normativa planetária...

Reunidos certa vez representantes de várias culturas, começaram a discutir sobre o tratamento dado aos seus mortos. Uns, advogaram a inumação, outros, a incineração, outros, a exposição no alto das montanhas, outros, até, o canibalismo... E todos se chocaram profundamente uns aos outros, parecendo-lhes estranhas umas práticas, e outras totalmente bárbaras. Contudo, alguém, mais sábio e mais transculturalista (porque o multiculturalismo não resolve este problema), perguntando a cada um qual o motivo pelo qual assim procediam para com os mortos, obteve de todos e de cada um a mesma resposta: assim faziam para os venerar, para os honrar. Estava esclarecido o mistério, e o nosso problema acaba também por obter mais luz: por muitas vias se procura afinal o mesmo... É assim a natureza humana – vária no modo, una na essência. Laxismo e preconceito ficam-se normalmente pela superfície... E por isso é que, sem lhe aceitarmos os pressupostos, compreendemos a observação negadora de Delfim Santos (*Obras Completas*, I, p. 368): "O descontentamento é muitas vezes resultante de a codificação moral ser feita para o 'Homem'. Mas o Homem não existe. Existem homens como realidades complexas, únicas, repetidas na aparência, mas sempre diferentes".

1.3. *Fins e Meios na Política*

E com a política sucede coisa idêntica também. Não raro, várias ideologias e posições políticas visam, em última análise, o mesmo fim: a que poderemos chamar, *grosso modo*, Bem Comum (sem dúvida expressão mais de sabor medieval), felicidade humana (típica referência iluminista), Justiça Social, conforme o ideolecto de cada qual. Se lermos, por exemplo, os *Diálogos de doutrina democrática* de António Sérgio, poderemos verificar que as oposições entre o Libertário e o Estadista por vezes se cruzam (*chassé croisé*), e embora, como é óbvio, se trate de um texto apologético da posição do primeiro, o autor não pôde evitar que escapassem algumas posições de uma banda que melhor pareceriam defendidas por outra. O próprio autor disso se dá conta parcialmente, quando, por exemplo, põe o seu herói, o Libertário, a detectar várias contradições no discurso do Estadista burguês, que não consegue conciliar cristianismo e maquiavelismo, ou que (obviamente sem disso se dar conta) se aproxima perigosamente do bolchevismo soviético. António Sérgio era uma bela inteligência.

Há, evidentemente, pontos de convergência entre várias (e mesmo todas) das posições – Duverger assinala as duas faces de Jano da política: mesmo um governo cruel e sanguinário tem de prover a algumas necessidades básicas; além de que, como disse alguém, até um governo de mafiosos não seria um governo da Máfia, e um governo da Máfia não seria certamente em absoluto e sem mistura um governo mafioso.

Mas que esta comum confluência dos vários sectores políticos na preocupação (ainda que enviesada) com a coisa pública nos não faça cair numa informe ataraxia, para a qual tudo se reverteria a tudo, e cada coisa se reconduziria a qualquer outra, numa unidade do tipo *Om*, totalmente improfícua no domínio do nosso estudo.

Aqui há efectivamente necessidade de, pelo menos em certa medida, *separar para melhor unir*.

Não podemos, por exemplo, confundir meios efectivamente muito diversos (e em si avaliáveis) com fins (vagos, teóricos, longínquos) aparentemente coincidentes ou convergentes. Nesta ordem de ideias, a tão falada máxima "os fins justificam os meios" fica assim totalmente infirmada, dado que, se os fins últimos serão, na maior depuração das depurações, em grande medida os mesmos (paz, bem-estar, felicidade, humanidade, etc.. – pelo menos excluindo algumas propostas políticas mais extremas, e mesmo assim "de boas intenções está o inferno cheio"), então sempre bons fins haveriam de justificar quaisquer meios, e nomeadamente os mais repelentes.

No fundo, o estudo da política é sobretudo o dos meios que usa, até porque os fins funcionam em grande medida como mitos. Ora os mitos políticos, tais como Raoul Girardet os explicitou, são, essencialmente, três coisas: narrativas primordiais fundantes (ou discursos legitimadores, diria, entre nós, João Baptista Machado, para o Direito), ideias-força ou *slogans*, ou puras e simples ilusões (e até mentiras).

1.4. *A Política na Natureza Humana*

A política, enquanto realidade agonística, luta pelo poder (sua obtenção, conservação, expansão), encontra-se, indubitavelmente, entre as características da natureza humana. Pelo menos é um elemento do fenómeno humano, algo que a condição humana concreta nunca deixou de conhecer. Várias outras características lhe foram assinaladas, como diferenças específicas, nomeadamente face ao reino animal (já que face aos anjos e a Deus, ou outras criaturas, espirituais ou extraterrestres, sempre seria mais complexo fazer o cotejo, pela descrença de vários). De entre essas qualidades distintivas contam-se, por exemplo, a linguagem, o riso, o dinheiro, a religião, a arte, a capacidade de pensar o pensado (pensamento de segundo grau), pensamento abstracto e relacional, a memória histórica, a escrita, o direito...e até o amor, decerto nessa mescla explosiva e realmente tipicamente humana de *philia*, *eros* e *agapé*.

De algum modo, a política, arte ou actividade de obter, conservar e expandir o poder, numa formulação asséptica (algo maquiavélica) e, numa dimensão mais neutra, arte de governar, ou numa variante mais eticizada, arte ou actividade de governar para o bem comum e/ou para a felicidade dos povos, acaba por ser quer a *longa manus* do amor, quer a sua mais clara e evidente negação. Políticos e políticas há que são a continuação do amor por outros e mais vastos meios, e outros e outras a verdadeira encarnação do desamor que os homens se podem fazer uns aos outros "por pensamentos, palavras, actos e omissões".

Aliás, atentando nas características sociais do reino animal, de que partilharíamos, referidas pelos etólogos, a política encerra efectivamente todas elas: de um lado, as menos simpáticas agressividade, territorialidade, propriedade, hierarquização; do outro, a solidariedade. Tudo isso está na política, amor e ódio: manifestação normalmente ainda muito elementar da verdade da natureza humana.

Ao longo dos tempos, várias concepções de tal natureza se espelharam, naturalmente, em filosofias políticas.

1.5. *Natureza Humana e Filosofias Políticas*

Em geral, podemos encontrar três posições fundamentais sobre a natureza humana, que se repartem por duas opções quanto à origem das sociedades políticas.

Assim, os que consideram que a sociedade política nasceu de um contrato (de forma mais ou menos histórica, mítica ou hipotético-conceitual – porque há variantes nesta crença), dividem-se claramente entre pessimistas quanto à natureza humana (como Hobbes), e optimistas (como Rousseau), havendo também moderados (como Locke). O contrato social, fórmula de passagem do "estado de natureza" inicial para a sociedade política deve-se em Hobbes ao facto de os homens necessitarem de se submeter a um soberano que evite que o homem seja lobo do homem (*homo homini lupus*), dada a sua natureza perversa.

Já para Rousseau se passa de algum modo o contrário, pois é o seu herói mítico é o bom selvagem do estado natural. Numa passagem significativa do seu *Contrato Social*, Livro I, Cap. I, afirma: "L'homme est né libre, et partout il est dans les fers". E esta escravatura em que se encontra é-lhe sem dúvida imposta pela sociedade política, contrária à sua natureza boa e livre.

Por seu turno, Locke faz residir a importância da aludida mutação na possibilidade de, em estado de natureza, sem um poder superior e imparcial, os homens poderem exagerar ou exorbitar, nomeadamente na resposta às afrontas sofridas, sendo o seu julgamento em causa própria (e concomitante vingança) muito atreito a excesso intensivo de legítima defesa. O Homem de Locke é, pelo menos, bastante falível...

Mas também o mais humano de todos, nisto se aproximando Locke dos autores da outra corrente: os naturalistas, para os quais o homem nasceu e sempre viveu em sociedade, sem haver por isso necessidade de qualquer contrato social. Autores como Aristóteles e Tomás de Aquino se encontram neste grupo, e não será certamente por simples coincidência que estes autores são também filosoficamente realistas, recusando, assim, o nominalismo, o conceptualismo, o idealismo. E procurando ver efectivamente a realidade das coisas. Esta posição filosófica terá a maior importância no domínio jurídico, mas já aqui, em matéria política, se verifica esse desejo de não ficcionar ou efabular (nunca ninguém viu, realmente, nem teve notícia histórica ou arqueológica do contrato social...). Num desses eloquentes rasgos de realismo, Tomás de Aquino, olhando a realidade dos homens vivendo sempre uns com os outros, e sempre em situações de poder e de governo (posto que nem sempre com Estado, ao contrário do que hoje possa parecer), detectou apenas três situações de excepção a essa normal sociabilidade do homem, que Aristóteles considerara já própria do Homem (*zoon politikon* – animal social): *excellentia naturæ, corruptio naturæ* e *mala fortuna*. Na verdade, há naturezas superiores, de santos eremitas ou sábios com vocação de anacoreta, que se distanciam do mundo para meditar, orar, ou investigar. No outro extremo, loucos, associais, débeis mentais, também podem ser avessos ao convívio humano. E finalmente não estão em sociedade os que dela forem privados por acasos da sorte como os de Robinson Crusoe, ou de Tarzan, ou Mogli: naufrágios ou perda em florestas não humanamente habitadas levou--os a uma temporária (mais ou menos longa) privação do convívio humano. Mas são todas excepções.

Estes autores são todos realistas quanto à sua posição filosófica sobre a natureza humana. E particularmente Tomás considera-a perfectível, sem ignorar que, em muitas das suas manifestações, o homem é mau, e está muito aquém do que é.

No fundo, o realismo (aqui ligado ao naturalismo político) procura que o Homem, como diria o poeta grego Píndaro, se *torne no que é*. E pressupõe que o Homem é essencialmente bom, não de uma bondade ingénua do bom selvagem das Américas, afinal infirmada em grande medida pelos factos históricos (pois nos tempos pré-colombianos havia *guerra de todos contra todos* na América do Norte, sacrifícios humanos e até canibalismo na América do Sul), mas de uma bondade feita de evolução mental e espiritual, filogenética e ontogenética... À essência humana positiva pode corresponder uma contingência humana muito negativa... Mas tal é apenas um acidente, uma imperfeição no *sendo*, não no próprio *ser*...

1.6. *Natureza, Cultura, Essência*

Importa ter em todo o caso presente que ao falar-se de natureza humana frequentemente se confundem dois níveis: o da natureza por assim dizer física, ou, no caso, biológica (e zoológica), e o da natureza cultural, expressão que para alguns poderá parecer uma contradição nos próprios termos (*contradictio in terminis*), na medida em que precisamente oponham natureza a cultura, ou, sobretudo no mundo anglo-saxónico, *nature* a *nurture*. O problema é muito complexo, mas o que parece decorrer da natureza das coisas é que a natureza do Homem será, por natureza, cultural:

a simples natureza biológica é própria dos animais, não dos Homens. Assim, o grande problema passa a ser que elementos culturais é que são (ou poderão ser tidos por ou como) naturais... E como poderá conceber-se uma natureza cultural, dado que normalmente se define o cultural como o apreendido e o natural como o dado.

Mas ainda assim a questão poderá ser iluminada (ainda que quiçá não plenamente esclarecida) pelo facto de muitos autores, sobretudo os chamados realistas, não desejarem tratar de uma natureza meramente posta, dada, actual, imanente, e presente em todos os espécimes humanos em todo o *aqui e agora*, mas antes de uma natureza que poderia de algum modo assemelhar-se a uma essência, ou até à própria Ideia de Homem. Assim, poderão outros argumentar que esta natureza é muito pouco natural, que é quase toda cultural, e, em particular, quase toda ideal. Mas logo os primeiros ripostarão que o Homem não é o seu casulo, a sua prisão, a sua contingente situação, e que não podemos tomar a nuvem por Juno, confundindo o ser com simples acidentes. A este propósito, o filósofo do Direito Michel Villey lembrava algures que a sua miopia não era própria da natureza humana, mas um simples acidente, que não pode contrariar o projecto ou ideia de Homem, a natureza vera do Homem, de visão plena.

1.7. *Naturezas políticas do Homem*

Em suma, muito se tem discutido sobre a natureza da natureza humana (*dificiliter quæstio de natura naturæ*). Desde a ideia de natureza decaída, pelo pecado original, a natureza intrinsecamente má, presente já em algum pensamento helénico (*oi anthropoi kakoi eisin* – os homens são maus) e desenvolvida na modernidade por um Hobbes, a natureza falível e susceptível de erro e exagero (Locke), a natureza boa em estado puro (Rousseau), ou a natureza perfectível e axiologizada (como é o caso da teoria que acabámos de expor na secção anterior).

Mas, sendo a política (e sobretudo a política no sentido de *statu quo* dominante num dado tempo e lugar) profundamente determinadora da circunstância social de cada pessoa, pergunta-se então não já como o homem é enquanto fenómeno, qual o seu *estar a ser* ou *estar sendo* – pois o que vai sendo em boa medida deriva da política que o moldou –, mas pelo que o homem, no fundo, seria. E nesta questão se pressupõe que a política actual ou a passada, ou as passadas, pode(m) ter contrariado e distorcido essa essência humana originária, essencial, vernácula.

Nesse sentido se podem perguntar, classicamente, coisas como se o Homem é um ser sociável ou uma mónada singular, se é individualista ou solidário, se é informal ou dado a hierarquias, se é regulador ou desprendido de normas, se é moral, amoral ou imoral, se aprecia mais a liberdade ou lhe prefere a ordem, etc., etc.

Grande parte das questões, ou das formulações concretas destas questões são estilizações e extremismos mais ou menos subtis, que não permitem captar senão argumentos mais ou menos ideológicos sobre o que seja o Homem. Em grande medida, uma visão realista, não apenas olhando o que o Homem é, como mesmo o que deva ser, optará normalmente pelo termo médio, mas um médio positivo e ético: o Homem parece ser, tanto no real como no ideal, um ser pessoal singular, irrepetível, dotado de uma dignidade própria, mas de forma alguma um ser isolado, e rebaixando-se quando cai no egoísmo ou no solipsismo; é por isso solidário, embora mais por palavras que por actos; não prescinde de hierarquias, mas na medida de competências, méritos, e de qualquer modo nunca permite a nenhuma elite ou aristocracia que se corrompa em oligarquia sem a condenar como forma de afastamento da natureza; é um ser moral, e sabe que a verdadeira liberdade comporta em si a ordem, e nenhuma ordem pode subsistir se não integrar a própria liberdade, etc., etc...

Esta visão ponderada, equilibrada, moderada do Homem corresponde, provavelmente, também a opções políticas. E os extremos terão igualmente eco em posições políticas extremistas.

É assim natural que, no plano das ideologias, o tipo-ideal de anarco-capitalismo conceba o Homem como um ser sobretudo individualista, e o tipo-ideal do sovietismo decorra de uma ideia de Homem sobretudo gregário, colectivo.

Costuma também afirmar-se, numa generalização algo temerária, mas não sem alguma razão, que as direitas são cépticas ou pessimistas quanto à bondade do Homem, e as esquerdas nela crentes. E daí alguns assacam o irrealismo e utopismo destas e o por vezes cínico pragmatismo daquelas. Há matizes, porém...

Na verdade, sempre procurando relacionar as teorias políticas com as teorias jurídicas, não deixa de ser interessante e decerto algo desconcertante que, por exemplo, as teorias do realismo clássico, criticadas por alguns positivistas como sendo das direitas (reforçadas nos ambientes anglo-saxónicos pela sua alegada indissociabilidade com a Igreja Católica Romana (ou até com regimes ditatoriais – franquista ou latino-americanos) – o que corresponde a um reducionismo deformador), se baseiam afinal numa ideia de Homem absolutamente positivo e, nesse sentido, são optimistas quanto à natureza profunda, essencial, da Humanidade.

Do mesmo modo, é sobretudo o anarco-capitalismo, apresentando-se hoje como especificamente neo-liberal, que é ferozmente individualista. Não o liberalismo social. E, ainda que historica e teoricamente, poderão considerar-se comunismos não totalmente gregaristas, como os de feição mística ou religiosa, sendo totalitários colectivismos sobretudo as versões soviéticas.

Daí que chamar "egoísta" ao liberal, "totalitário" ao comunista utópico, ou "papista" (ou "direitista ditador") ao jusnaturalista sejam pelo menos generalizações temerárias. Embora haja certamente quem considere precisamente tais apodos como rigorosos, e outros até eventualmente os não enjeitem, no todo ou em parte.

O torna-viagem das teorias e a deformação por falta de conhecimento abrangente são alguns dos muitos perigos a detectar desde já e a evitar nesta curta circum-navegação ao mundo da política.

BIBLIOGRAFIA MÍNIMA

Síntese: PAULO FERREIRA DA CUNHA, *O Ponto de Arquimedes. Natureza Humana, Direito Natural, Direitos Humanos*, Coimbra, Almedina, 2001, máx. pp. 19-85

Capítulo 2. **Homem e Sociedade. O "Animal político"**

2.1. *Nominalismo, Colectivismo, Individualismo*

Para um nominalista, com tendência para preferir as coisas isoladas, fragmentárias, e de às coisas preferir os nomes, o que importa é o Homem e não a Sociedade. Melhor, o que lhe importa são os átomos-homens, tendo até dificuldade em conceber uma realidade maior, a Humanidade (como qualidade de ser Homem ou condição de ser Homem). Já para um colectivista, quer ideológico, quer civilizacional, o Homem em si conta muito pouco perante o colectivo, a massa, perante as grandes obras multitudinárias ou a simples sobrevivência do todo social.

Do nominalismo exacerbado derivaria o ultra-liberalismo, de um lado, e o anarquismo, de outro, e do colectivismo, com maior ou menor grau e "heresia" ou "moderação", várias correntes comunistas, sem esquecer ainda o nazismo (nacional-socialismo) e o fascismo. Com efeito, lemas como "tudo pelo Estado, nada contra o Estado" sintetizam essa ideia da pouca importância do indivíduo, e a escassa atenção sequer à Pessoa.

Um Estado totalitário olha os indivíduos como peças de uma máquina, esquecendo que em cada indivíduo está uma Pessoa. E que a Pessoa é o ponto fulcral de toda a Sociedade.

Já o libertarismo ou o liberalismo extremo, sobrevalorizando a importância atomística, não-social, e até anti-social do indivíduo, negam o geral sem passarem pela Pessoa.

O tempo presente, por via de um ou outro dos exageros, transmutados e nem sempre visíveis, ou de um estranho conúbio entre ambos, esquece e ataca a Pessoa. Ao ponto de autores tam-

48 *Política Mínima*

bém de muitos quadrantes já falaram da Pessoa em perigo (como Bernard Edelman, em *La Personne en danger*). A estas dificuldades se acrescenta a mistificação da Pessoa, feita tópico vazio ou vago idealismo sem raízes.

2.2. *Pessoa, Ideologia e Utopia*

Ora o Homem é um "animal político" – melhor dito, um *zoon politikon*, que hoje traduziríamos antes por "animal social". É da sua natureza, ao que pensamos, viver em sociedade, contribuir para o todo social, mas não se diluindo nem se perdendo nele.

Esta característica de sociabilidade com individualidade é simbolizável pela *Persona*, a máscara que os actores gregos usavam. Ela é uma imagem social, visível pelos demais, mas é ostentada e assumida por cada um dos actores. A *Persona* é o símbolo da Pessoa: um ser singular e irrepetível, infungível, mas um ser para os outros, não um ser egoísta. Bem afirma António Sérgio, embora algo enfaticamente: "De simples *indivíduo*, subi a pessoa; logrei identificar-me com o próprio Espírito" (*Democracia*, Lx., Sá da Costa, 1974, p. 89). Uma das teorias mais interessantes no campo jusfilosófico é precisamente a "prosopologia" (do grego – *prosopon*).

As grandes questões políticas passam também por estes problemas da individualidade social da Pessoa, do individualismo ou do gregarismo e colectivismo sociais. Diferentes concepções do Homem e da Sociedade conduziram, historicamente, a várias soluções.

Há uma prevenção, contudo, a ter sempre presente. É que quando os homens se põem a gizar planos para mudar a sociedade, muito frequentemente, nessas "receitas para as tascas do futuro" (na expressão de Marx – que dizia recusar fazê-las –, ao criticar os utopistas) esquecem a individualidade humana e estabelecem receitas excessivamente uniformizadoras. O perigo da utopia (mito da sociedade ideal) é efectivo. E nas utopias os homens são objecto da política e não seu sujeito. O protagonista é uma sociedade abstracta, racional, mas sempre triste e enclausurante para os seus habitantes. A utopia redunda em anti-utopia.

Contudo, se a descrição minuciosa e enclausurante de uma cidade ideal (utopia) é em regra um exercício de ditadores frustrados, ou de bem intencionados impotentes, já o espírito utopista, o utopismo ou *Princípio Esperança,* para retomar um título de Bloch, é muito positivo e fermento de regeneração. Na medida em que a utopia não seja levada a sério como projecto minucioso de "constituição", mas proposta pacífica de revolução ou reforma, aí, sim, ela pode ser de uma enorme fecundidade.

Do mesmo modo, também as ideologias, sobretudo as grandes ideologias do nosso tempo (e em especial a ideologia *ex-denominada* – como diria Barthes, nas suas *Mythologies*, Paris, Seuil, 1957 – a que não se quer reconhecer como tal, a do politicamente correcto), têm uma grande tendência para esquecer que os Homens não são números ou carne para canhão nas suas guerras e quezílias.

A Constituição da República Portuguesa, e a principal doutrina que sobre ela se foi tecendo, insistem na importância da "dignidade da pessoa humana". Trata-se de um princípio ou fundamento essencial da Constituição e, no nosso sistema jusconstitucional, de todo o ordenamento jurídico. Isso significa também que a política não pode ser exercício de desumanidade. E que a sociedade terá sempre de ser uma sociedade de rosto humano. O mesmo rosto que nos contradistingue como seres únicos – o que foi admiravelmente dito nos nossos dias por Levinas.

BIBLIOGRAFIA MÍNIMA:

Paulo Ferreira da Cunha, *Constituição, Direito e Utopia*, Coimbra, Coimbra ed./FDUC, 1996

Gustavo Corção, *Dois Amores, Duas Cidades*, vol. I, Rio de Janeiro, Agir, 1967, máx. pp. 21-34

EMMANUEL LEVINAS, *L'autre, utopie et justice*, entretien avec..., "Autrement", n.º 102, nov. 1988, p. 53 ss.

MIGUEL ÁNGEL RAMIRO AVILÉS, *Utopía y Derecho*, Madrid/Barcelona, Marcial Pons, 2002

PAUL RICOEUR, *Lectures on Ideology and Utopia*, ed. por George H. Taylor, Nova Iorque, Columbia University Press, 1986

Parte II

DO OBJECTO POLÍTICO
Tópicos politológicos liminares

Capítulo 3. Política

Capítulo 4. Poder

Capítulo 5. Governo, governantes, governados

Capítulo 3. **Política**

3.1. *Pré-compreensão da Política*

Já sabemos que uma das formas mais habituais de começar a abordagem de um tema, se ele tiver algum "curso" na voz corrente, é o de afirmar desde logo: "todos temos uma noção empírica do que seja X ou Y". Com a política realmente assim é. E como já Aristóteles não desdenhava nada de arrancar para a sua análise filosófica dos sentidos profana e quotidianamente atribuídos às coisas, vamos seguir-lhe as pisadas, e principiar mesmo por aí.

O problema é que, em cada época, a mesma palavra, o mesmo significante, é dotado de significados e conotações que vão do nem sempre coincidente ao muito diverso: é a polissemia.

Mas isso não impede que, a partir da *vox populi*, se procure decantar um sentido rigoroso e técnico. Mais ainda: afigura-se-nos que em casos como este, insistir num sentido para uma palavra ao arrepio da voz corrente, totalmente às avessas do sentido mais comum (que espelha, afinal, o senso comum), ainda que estivéssemos firmados num consenso dos sábios (e esse consenso nem existe), seria um erro tremendo.

Daí a importância liminar da visão empírica, da pré-compreensão dos fenómenos para uma captação do sentido de palavras como "política".

3.2. *Do Descrédito da Política*

Vivemos de há muito em tempos de descrédito da política e dos políticos, a que se associa, mais recentemente, o de instituições, como o futebol, que não estávamos habituados a considerar como políticas, mas que sem dúvida o são, ou têm funções dessa índole.

O cidadão normal, o homem da rua, mesmo o *honnête homme*, perante um agravar das condições de vida, perante o estalar de escândalos, perante a comparação de sorte entre os actores políticos que aparecem na TV e quem silenciosamente faz o seu trabalho, tendem cada vez mais não só a afastar-se da política, como do alheamento passam facilmente à aversão. Há em muitos, nos nossos dias, não só gente rude que reage passional, instintivamente, como mesmo pessoas mais ponderadas, ilustradas e que sem dúvida fariam falta à coisa pública, há nos nossos dias uma sensação de desconfiança, e mesmo de distanciamento frente ao fenómeno político. Dir-se-ia que alguns fogem dela com medo de um contágio. Os intelectuais, que outrora tão politizados foram, que constituíram, por diversas vezes e em vários quadrantes, uma espécie de vanguarda política – e que lhe emprestavam uma mais--valia de grande qualidade – parecem também desertar, e até "desistir do País".

Uma das mais significativas tomadas de posição contra o descalabro, que merece bem ficar registada, foi o artigo do escritor Francisco José Viegas "A Televisão da Canalha", onde, além de muita outra coisa importante, nomeadamente se faz este diagnóstico político:

"É uma mediocridade que deve tudo à classe dirigente do país, a uma canalha sórdida com mau sotaque e hábitos preguiçosos, incapaz de recitar um verso de Camões ou de escrever sem erros ortográficos uma redacção de segundo ciclo".

O autor termina no mais vivo pessimismo, mas que nos parece ser a verbalização do que muitos sentem sem ainda o pensarem, ou pensam sem o dizerem:

"O país está entregue a eles. Que o devorem e lhes faça bom proveito. Podemos começar a emigrar" (in "Jornal de Notícias", 23-I-2003).

Perante esta situação, que traduzia, à época, um geral mal-estar, e de modo algum se limita à habitual dialéctica de críticas entre oposição e governo, mas transversalmente tudo põe em causa, é natural que a conotação do termo política o associe a coisas muito negativas, e possa até fazer pensar alguns na possibilidade de um mundo sem tão nefasta realidade.

Sobre os políticos sem sentido de Estado sempre se poderá recordar ainda Friedrich von Logan (*Heutige Weltkunst*):

> *"Anders sein und anderes scheinen;*
> *Anders reden, anders meinen:*
> *Alles loben, alles tragen,*
> *Alle heucheln, setets behagen,*
> *Allem Winde Segel geben,*
> *Bös'und Guten dienstar leben;*
> *Alles tun und alles Dichten*
> *Bloß auf eignen Nutzen richten:*
> *Wer sich dessen will befleißen,*
> *Kann politisch heuer heißen"*

Mas é uma ilusão pensar-se que se pode prescindir da política, e um erro de avaliação julgar todos os políticos pela mesma bitola. A política é inevitável, e se nem tudo é político (como pretendem sempre os totalitários, eles próprios já presa da sua máquina de pensar utópica – o que não quer dizer quimérica, porque, infelizmente, as distopias podem concretizar-se), muita, muita coisa pode ter implicações, leituras, usos políticos.

3.3. *Múltiplas definições de Política*

Há múltiplas formas de olhar a política. Os teóricos possuem essa virtualidade da multiplicação dos pães das doutrinas. Cada novo politólogo pode sem dificuldade cunhar uma nova (nova?) definição de política a partir das antigas, ou então – empresa mais árdua – procurar ser completamente original. Sabemos já que

56 *Política Mínima*

Jacques Leclercq, no seu *Do Direito Natural à Sociologia,* chamava a atenção para esse procedimento tão pouco profícuo para as ciências que é a reprodução, *ad libitum,* de variantes da mesma coisa, ou de híbridos sem grande coisa de novo, especialmente no campo das definições.

Aliás, as definições, nas ciências humanas, são apenas um grau primário de conhecimento, e desde logo no Direito sabemos que *omnis definitio... periculosa est.* A definição é, em grande medida, uma armadilha positivista que limita (de-fine, põe fins, limites) a coisas, como as do Homem e da sociedade, que têm demasiadas relações para se deixarem apreender simplesmente. Porém, é inegável que do ponto de vista didáctico, num nível elementar, são importantes.

3.4. *A Política para além do Estado*

Hoje, com as críticas cada vez mais contundentes que lhe vão sendo feitas, algumas das quais o vêem já como decadente ou superado, não será de insistir muito nas perspectivas que associam a política sobretudo ao Estado. O Estado é apenas um dos lugares – e ainda muitíssimo significativo, por enquanto ao menos – mas apenas um dos lugares em que se exerce a política.

Mais interessantes e realmente mais fecundas são as perspectivas que alargam a política para além dos limites do Estado.

Não sendo para nós o mais importante a discussão de uma delimitação conceitual que, seja como for na teoria, acabará, na prática, por se reverter aos mesmos objectos, poucas palavras nos bastarão para estas teorias.

Afinal, há um fundo comum a muitas das teorias. Uns falam do poder como a oposição amigo/inimigo (*Freund/Feind*), como Julien Freund; para outros, a política trataria de factos sociais polémicos, controversos, embora mantivesse os contendores dentro do jogo sem os eliminar. Isto a distinguiria da guerra (da qual, porém, se diria – jogando com um bocardo que envolve antes a diplomacia

Política

– ser "a continuação da política por outros meios"). Mas, independentemente da guerra ser ou não política (e parece-nos que é uma forma de acção política), o certo é que a política parece sempre ter uma dimensão de oposição, luta, inimizade (posto que os políticos democratas entre si se considerem, pelo menos aparentemente, sempre adversários apenas). Neste sentido geral – porque as várias visões são confluentes –, a política é etimologicamente diabólica. Porque o *diabolos* é aquele que lança a confusão e a desunião (*dia-ballein*), ao invés aliás do simbólico, expressão derivada de *sumbolos*, o que reúne o que é complementar.

Mas se preferirmos um vector mais inócuo do ponto de vista da carga semântica, e ainda assim com conotações fortes, deveremos centrar a nossa atenção no poder, que é para muitos, explicitamente, a chave do político.

BIBLIOGRAFIA MÍNIMA:

PAULO FERREIRA DA CUNHA, *Repensar a Política. Ciência & Ideologia*, Coimbra, Almedina, 2005

ANTONIO-CARLOS PEREIRA MENAUT, *Doce Teses sobre a Política*, Santiago de Compostela, Edicións Fontel, 1998, ou Idem, *Política y Derecho. Doce Tesis sobre la Política*, in *Instituições de Direito*, org. de Paulo Ferreira da Cunha, vol. I, Coimbra, Almedina, 1998, pp. 149

JULIEN FREUND, *Qu'est ce que la Politique?*, Seuil, 1968, ou *O que é a Política?* Lx., Edições Futura, 1974

Capítulo 4. **Poder**

4.1. *Omnipresença e Psicologia do Poder*

O poder, enquanto dominação, *supra/infra* ordenação, hierarquia, exploração mesmo (numa vertente mais economicista) é um fenómeno humano irrecusável.

Há quem tenha a vertigem do poder, se alimente de poder, definhe sem ele. Mesmo que a um nível muito rasteiro, a febre de mandar (*Oh glória de mandar, oh vã cobiça!*) embriaga muitos. Um subtil escritor observou a volúpia da nulidade que se sente um imperador no trono do seu minúsculo *guichet* – infernizando a vida do cidadão que tem de passar por lá. Um grãozinho de poder, feito pessoal, a estragar a engrenagem do Estado e a poluir a convivência cívica. Poucos são os espíritos superiores que usam o poder com um fim, e um fim demofílico e altruísta, e sabem retirar-se quando a sua função terminou. Poucos são os que, mais especulativos, mais ascéticos, reconhecem a profunda vaidade do mundo, e o supérfluo da acção, a necessária alternativa entre a nesciência e a desilusão na política. E, como observou Alexandre O'Neil, um idiota com poder é um perigo. Corta até a respiração a generalização de Nelson Rodrigues; "O líder é um canalha". Mas ele explica-se, citando logo Estaline...

Ora, se – como dizia alguém – o mundo não vale senão pelos extremos, não deixa de só poder sobreviver pela moderação.

Doença que corrói as próprias entranhas e espalha em redor desgraça, a febre do mando; espírito de serviço e dignidade no exercício do poder como um tributo temporário aos outros, na medida da utilidade que se lhes possa prestar; distanciamento e até desprezo por uma tarefa em que se tem de sujar normalmente as mãos – até para moldar algo do barro da terra (problema ético permanente de toda a acção prática) – nestas ou noutras versões do lidar com o poder ou encarar o poder, ele não deixa de ser um interlocutor irrecusável.

4.2. *Macro-poderes e Micro-poderes*

Longe de se limitar às instituições clássicas do Estado, designadamente aos órgãos de soberania, o poder está obsidiantemente presente em todos os níveis e sectores da vida social. Há por isso, para além do macro-poder estadual, inter-estadual, etc., o micro-poder que se desenvolve, por vezes sob formas bem menos claras, e raramente democráticas (deve dizer-se) ao nível da organização (empresa ou ente público), da família, ou mesmo nas relações inter-pessoais. Michel Foucault foi um dos que mais brilhantemente contribuiu para mostrar a presença dos micro-poderes (ou a micro-física do poder...). Autor ainda para muitos "maldito".

Quando Aristóteles falava da escravatura natural devia também ter em mente esses escravos sociais que se humilham e rastejam para obter benesses sociais (por vezes materiais, mas tantas outras meramente simbólicas: um sorriso, uma citação, um aparecer, uma medalha, um título nobiliárquico ou afim), e esses poderosos pusilânimes ou tíbios, etc. O carisma pessoal é, não apenas nas relações políticas clássicas, como numa simples relação entre vendedor e comprador, ou sedutor e seduzido, um poderoso elemento de poder. Poder pessoal.

Poder-se-á falar, então, em omnipresença do poder, como também falam alguns em universalidade (quase sinónima de omnipresença) do Direito? *Ubi societas, ibi ius*: onde está a sociedade, aí está o Direito. Também sucederá algo idêntico para o Poder, e, portanto, para a Política?

Já é discutível a tese para o Direito. O próprio Aristóteles de algum modo considerava, na *Ética a Nicómaco*, no que foi retomado por Tomás de Aquino, desde logo no respectivo comentário, que há relações, como as familiares (mais directas) e até as de amizade (mais profundas) em que o Direito tem de intervir de forma mitigada. Facilmente compreendemos que o "atribuir a cada um o que é seu" briga com alguma (maior ou menor) indistinção entre "o meu" e "o teu" entre pessoas que se querem bem.

Ora, para o Poder e para a Política, a questão é semelhante, *mutatis mutandis*.

Realmente o poder está em todo o lado onde a visão do outro seja sobretudo uma visão de disputa, de competição, de vontade de domínio, etc.. Mesmo na indiferença aparente há essa ideia de sobranceria e supremacia, que é uma das formas do poder.

Uma Madre Teresa de Calcutá, na sua acção caritativa, não conheceria o poder. Mas, na medida em que tivesse que cuidar da gestão da sua instituição caritativa, aí dificilmente poderia livrar-se do exercício do poder. Ainda que, obviamente, justo e benévolo.

4.3. *Ambiguidade Ética do Poder*

Claro, esta questão de novo nos leva à ambiguidade (um dualismo ou dualidade, entre o positivo e o negativo) ética do Poder, e também da Política. Há poder e há Poder...

O poder está cheio de dualidades, de oposições. De ambivalências, de claros e escuros, penumbrosos, por vezes.

Há poder legítimo e poder ilegítimo, quanto ao título e quanto ao exercício, assim como há poder *tout court – potestas*, e há autoridade – *auctoritas*... a qual pode até existir desprovida de poder, sendo também a inversa verdadeira (como veremos mais em pormenor *infra* – capítulo 7).

Todos os conceitos se imbricam. Em geral, como sabemos, há o poder que dignifica quem o exerce na medida em que é utilizado em proveito geral, em prol da Justiça (social) ou do Bem Comum, e há o poder que é utilizado em proveito próprio ou de uma oligarquia, ou clientela (hoje passou para o léxico corrente a expressão "boys", que usufruiriam de "jobs", mas não são só "jobs" que um poder não ético distribui... distribui muito mais).

Por muito estranho que possa parecer ao observador desprevenido, há poder de um tipo e de outro, em geral. E também, como lembrava Duverger, o poder tem dois rostos, como Janus: mesmo num estado de coisas de poder perverso e corrupto os governantes têm de prover matérias de interesse público e objectivamente fazer coisas úteis (como promover a recolha de lixo, sem o que a vida social seria para todos insuportável e impensável), assim como todo o poder tende para a concentração e para a distribuição em círculo fechado das benesses – mesmo o mais aberto: o que se relaciona com a chamada lei de bronze das oligarquias.

Péguy dizia de Kant algo como isto: Kant teria as mãos limpas porque não teria mãos. Sem de modo nenhum pretender justificar os que têm as mãos sujas (aliás título de um sugestivo livro de Sartre), em coisas do poder é muito difícil não ter mãos, mas há duas formas de sujá-las. E se tal for feito como o Deus do Génesis, com o barro da terra, para criar, obviamente não merece desculpa sequer, mas louvor.

Em bloco, apesar das inúmeras tentações e historicamente das abundantes histórias negras, não é a política uma actividade condenável. Também não é apenas (como pretende algum idealismo, miopia, ou hipocrisia) uma altíssima actividade. Como todas as coisas nitidamente humanas há nelas a marca de Adão, *ni ange ni bête...* mas umas vezes quase uma coisa e outras quase a outra.

BIBLIOGRAFIA MÍNIMA:

Aprofundamento e outras perspectivas: BERTRAND DE JOUVENEL, *Du Pouvoir. Histoire naturelle de sa croissance*, Paris, Hachette, 1972

Clássico: NICOLAU MAQUIAVEL, *O Príncipe*, trad. port. de Carlos Eduardo de Soveral, Lx., Guimarães, 1984

Contemporâneo: MICHEL FOUCAULT, *Microfísica do Poder*, org., introd. e rev. técnica de Roberto Machado, 18.ª ed. port., São Paulo, Graal, 2003

Capítulo 5. **Governo, governantes, governados**

5.1. *Universalidade do Governo*

Mesmo apesar do iniludível legado do constitucionalismo moderno, que de algum modo um pouco deslocou a atenção política dos governos para os parlamentos, o Governo (e não simplesmente na fórmula "o executivo") continua a ser uma personagem política central nas nossas sociedades.

Não é o Estado que constitui uma fórmula política eterna, antes o governo. Governo sempre houve e sempre haverá em todas as sociedades. O Estado, ao invés, é uma entidade criada (não natural), datada, histórica, e, portanto, perecível.

Todas as formações sociais (para utilizar uma expressão marxista) conhecem, assim, um órgão (unipessoal ou colectivo) ou um conjunto de órgãos que asseguram de forma superior a cura dos negócios políticos das mesmas, e se dotam de meios para fazer cumprir as suas deliberações, sobre os quais têm uma capacidade de intervenção directa.

5.2. *Governantes* vs. *Governados: uma dicotomia clássica*

Um dos cortes analíticos possíveis na interpretação da política é a dicotomia entre governantes e governados. Embora, nas sociedades pré-democráticas possa ter havido uma mística de comunhão num ideal comum (teocrático, patriótico, ou outro), e nas sociedades democráticas se procure esbater a distinção entre uns e outros pela ideia de representação política (a qual, porém, é já muito antiga, e tem diversos matizes e subtilezas, como veremos *infra*), o certo é que, também precisamente por algo semelhante à já falada lei de bronze das oligarquias, o mundo político é sempre o mundo dos que mandam e dos que obedecem. E esta lei e a divisão cortante que traça são iniludíveis.

5.3. *Saber e Poder*

Outros há que, de algum modo na senda de Heródoto, acrescentam algo à divisão. O problema não seria tanto a inevitabilidade de uns mandarem e de outros obedecerem (Salazar proferiu uma frase que se celebrizou, como lema da passividade política geral: "Se soubesses quanto custa mandar, gostarias mais de obedecer toda a vida"), mas de mandar quem sabe, quem é competente (e/ou quem é virtuoso...). Assim, há quem diga, seguindo a linha de grande crítica à política contemporânea, que, no nosso Ocidente, vive de votos, popularidades, aparências em grande medida: "Quem pode não sabe, e quem sabe não pode".

Os grandes problemas na dialéctica governantes/governados encontram-se hoje renovados, até subvertidos.

Já não se trata de uma elite cultural, social e económica que segrega naturalmente os governantes, os quais, por muito medíocres que fossem, tinham ainda a marca de origem dessa elite. Não se trata mais de uma massa inculta, apta a obedecer porque a isso habituada, com o respeito interiorizado, *genético* se diria.

Quem hoje temos, de um lado e de outro, são actores muito diferentes: aos governos chegam cada vez mais não só beneficiários da mobilidade social ascendente de uma sociedade de oportunidades mais abertas (o que é um fenómeno hodierno muito positivo), mas também verdadeiros e genuínos representantes da massa que outrora jamais sonhara sequer em ser ouvida. E, por outro lado, um fenómeno paralelo ocorre da banda da "exclusão": quer de extracção aristocrática, quer de origem burguesa, quer de ascendência popular, por várias vias ascendem à cultura, ao saber, à sensibilidade e à aristocracia de espírito que acarretam, um conjunto de pessoas a quem dói verem os destinos dos países tão mal acautelados, e que, se lhes houvesse sido dada oportunidade, muito melhor governariam. Mas esses novos párias sociais não encontram uma brecha legal que lhes permita considerarem-se o que são: excluídos, segregados.

5.4. *Mudanças sociais e mudanças governamentais*

A queda de prestígio dos governos deve-se não só aos escândalos, à corrupção, ao nepotismo de que periodicamente alguns dos seus membros são suspeitos e eventualmente culpados, nos vários países, mas também, de forma mais discreta mas ainda mais perene, à sua profunda incapacidade na resolução dos problemas, à sua atitude pouco actualizada e de respostas lentas, à promoção da burocracia, ao distanciamento face aos problemas concretos de cada lugar e de cada pessoa, à tentação periódica em cair no exagero, quer o da mão dura autoritária, quer o da luva de setim laxista. Tudo, em grande medida, resultado da falta de vocação, de estudo, de preparação, numa palavra: de educação ou de cultura.

A propagação mediática imoderada da ideologia dos direitos, designadamente de alegados mas realmente quiméricos direitos humanos ou fundamentais (que realmente são prejudiciais à credibilidade e aplicabilidade dos verdadeiros), excitou os ânimos e criou na opinião pública um estado de permanente insatisfação pelo que sempre se não tem da apregoada cornucópia a que todos alegadamente teriam direito. Essa crença em direitos que não se têm, e que a simples lei da raridade económica inviabiliza à partida, é a grande responsável pelo clima latente de descontentamento e pelo avolumar das fricções entre os que têm e os que não têm, entre os que mandam e os que obedecem... E o governo (qualquer que ele seja) é, de todos, sempre, o principal alvo das críticas... já que jamais poderá dar tudo a todos.

Mas, inversamente, detectando as imoderadas pretensões assistencialistas, quietistas e subsídio-dependentes de quem não foi educado numa cultura de responsabilidade, outros há que, prevalecendo-se ora do seu lugar resguardado à mesa do orçamento, ora dos favores da *Fortuna*, pela riqueza, hereditária ou aleatória, ora ainda de efectiva capacidade de iniciativa (bafejada pela sorte), clamam não apenas contra os direitos ilusórios e falsos, como contra todos os direitos. Concedendo eventualmente, no limite, aos desprotegidos umas migalhas de "caridade", mas jamais lhes reconhecendo verdadeiros direitos sociais, económicos, culturais ou afins – próprios da sua natureza de Homens.

Ambos os exageros se afrontam, com maior ou menor subtileza, nos dias de hoje. Questões como a reforma da Segurança Social, rendimento mínimo, ou Código laboral são pedra-de-toque.

BIBLIOGRAFIA MÍNIMA

Karl Deutsch, *Política e Governo*, trad. bras., 2.ª ed., Brasília, Universidade de Brasília, 1983

Dalmacio Negro, *Gobierno y Estado*, Madrid/Barcelona, Marcial Pons, 2002, máx. pp. 23-86

Parte III

DOS FUNDAMENTOS E FINS POLÍTICOS
Tópicos filosófico-políticos

Capítulo 6. Pessoa e Liberdade

Capítulo 7. Autoridade e Legitimidade

Capítulo 8. Justiça, Bem Comum e Justiça Social

Capítulo 6. **Pessoa e Liberdade**

6.1. *Pessoa e 'Persona'*

Todas as etimologias são importantes, mas há algumas que são realmente reveladoras, e por elas temos mesmo que caminhar. O vocábulo "pessoa" deriva, como dissemos, da palavra grega *persona*. A *persona* era a máscara que os actores das tragédias, devidamente calçados com altos coturnos, ostentavam nos teatros da Hélade. Assim, a pessoa não é o simples número informático a que tantas vezes se quer reduzir o indivíduo, é cada homem em situação, como "actor social": por um lado, revestido da necessária urbanidade que lhe molda o rosto à máscara; por outro lado, protegido socialmente pelo próprio verniz social, de que a máscara é também sinal.

Longe de ser uma hipocrisia (o actor grego é o *upokrités*), a ascensão do indivíduo a pessoa é verdadeiramente um passo de gigante na sua verdadeira "humanização", no seu encontro com o seu fim, o seu destino – é tornar-se no que realmente é.

6.2. *Personalidade jurídica: também um problema político*

Evidentemente que, por comodidade, partimos do princípio que os seres humanos são todos pessoas. Embora de vez em quando, perante um ignóbil assassino com requintes de malvadez, a voz corrente afirme que "é um monstro". Um monstro, entenda-se, é precisamente uma aberração da natureza. É preciso ter (até juridicamente) algum cuidado com a questão da personalidade. Havendo ordens jurídicas que só reconhecem a personalidade jurídica a partir do nascimento de um ser humano, "completo e com vida", cessando a mesma com a morte (como afirma o nosso Código Civil), perguntar-se-á se antes de nascer e depois de morrer a dignidade humana e a própria Pessoa não merecem protecção do Direito.

Sendo um problema jurídico, filosófico-jurídico, é também (na medida em que o conjunto das matérias em que hoje há acordo nas nossas sociedades é cada vez mais pequeno e limitado a coisas muito pouco importantes) um problema político: desses em que se evidencia a discórdia. Além de poder ser questão ética e teológica...

E a questão logo se reconhece não apenas na protecção à memória de pessoas falecidas (que todavia o nosso Código Civil expressamente acautela, havendo também protecção penal...), mas sobretudo no que respeita aos direitos de quem, concebido, ainda não nasceu. Se a personalidade é algo que se adquire pelo simples nascimento, pode liberalizar-se *ad libitum* o aborto, porque se não atenta contra uma pessoa. Se a personalidade depende de alguma "formação da personalidade" (para invocar uma teoria penalista: da "culpa na formação da personalidade"), quem não a tiver formada poderá não ser plenamente pessoa. E também se pode admitir, por exemplo, a pena de morte, nesta ordem de ideias, não para as pessoas (bem formadas), mas precisamente para esses seres, com forma humana, mas com moral de "monstros". Tal parece-nos ser, de algum modo, a teorização de Stamatios Tzitzis, que defende a pena de morte para alguns casos extremos.

Embora talvez possa reconhecer-se algum mérito em abstracto a algumas posições limitativas da personalidade, interrogamo-nos porém, e apreensivamente, sobre o que seria um mundo em que não só apenas os vivos tivessem direitos, e, de entre eles, apenas os que correspondessem a um certo modelo de formação da personalidade. Os códigos civis italiano e brasileiro (este último, só substituído em 10-I-2003, ainda remete a capacidade dos índios para legislação especial – art. 4.º, § único), por exemplo, já incluíram limitações ou reticências de índole rácico-civilizacional. O que hoje se revela absolutamente inaceitável, e uma prova de que, quando começam a estabelecer-se critérios de limitação, eles acabam por ser estabelecidos em função dos preconceitos.

Mas há razões mais substanciais para se defender a personalidade de todos os seres humanos. Quanto aos falecidos, é a sua memória que se protege, evidentemente, e, nela, os direitos dos que com eles conviveram, ou que, mesmo não os tendo conhecido, os respeitam, ou até veneram. A questão dos falecidos não tem sido muito polémica – até agora. Onde tem havido grandes debates políticos (e em Portugal até um referendo) é na questão da personalidade pré-natal. E, na polémica sobre os pretensos "direitos dos animais", também se discute se os loucos, os que se encontram em coma, os recém-nascidos, etc., têm verdadeira personalidade... ou se são mesmo algo mais que os animais...

Neste debate esquece-se frequentemente a diferença jurídica entre personalidade jurídica, que é concebida, e bem, como um absoluto que se tem ou não tem, e capacidade jurídica (ou capacidade para agir) que pode variar e que tem medida, consoante precisamente o grau de desenvolvimento, maturidade, etc., da pessoa. O que o particular tipo de vida pré-natal, do recém nascido, do louco, do que se encontra em coma impõe juridicamente não é a negação da personalidade, mas sim uma consideração de que a capacidade de qualquer dos tipos em causa se encontra reduzida a nada, ou a muito pouco. Mas, atentemos bem que não se deve, em nenhum destes casos, negar a personalidade, porquanto, em todas as situações, a clara compressão da capacidade não é necessariamente eterna. Ninguém pode certamente afirmar infalivelmente que o doente não despertará do coma, e o louco não se verá curado, reassumindo, melhor ou pior, um e outro, as suas vidas, e recuperando a capacidade de agir. O recém-nascido naturalmente crescerá e atingirá a maioridade, tornando-se um ser perfeitamente apto a gerir a sua vida. E – o que importa muito – o embrião ou o feto, pela ordem natural das coisas, virá a nascer e a seguir o mesmo caminho do recém-nascido. Em todos os casos, o manto da personalidade jurídica da espécie humana deve cobri-los e protegê-los. Resta saber quais os tipos mais adequados de reacções

72 *Política Mínima*

sancionatórias (ou não) da ordem jurídica face aos diversos ataques aos vários estádios da personalidade, designadamente quanto à sua eficácia preventiva, justeza retributiva, equidade social, etc.

6.3. *Personalidade e Dignidade Humanas*

A personalidade do Homem é uma qualidade muito séria, e uma responsabilidade que não pode ser encarada levianamente. O Homem não é um ser casual, um náufrago sem norte no oceano revolto da existência. É actor, é protagonista no palco da vida – a qual é, precisamente, não um drama anónimo do universo, mas tragédia especificamente humana.

A personalidade do Homem contém em si a sua dignidade. O Homem não é um ser espúreo, não é um acaso na mecânica de um caos. Pelo menos nós, que somos Homens, nos queremos crer assim. Já Xenófanes afirmara que, se os cavalos pensassem, idealizariam deuses equídeos: nós somos sempre deuses de nós mesmos. "Sereis como deuses" (Gén. III, 5), diz-nos sempre uma serpente genesíaca. De algum modo nos deificamos, e, seja intrínseco o nosso valor (o que só poderá ser confirmado com espectadores conscientes da Humanidade, fossem eles extraterrestres racionais, fossem divindades, ou um Deus único), ou apenas resultado do nosso narcisismo colectivo, a nossa auto--estima tem dado frutos normalmente positivos (olhemos à nossa volta – pelo menos no mundo material – o que temos realizado; mas somos suspeitos...), salvo quando, cheios de nós, inchados de prometeísmo, nos abalançamos a fazer mais do que devíamos: por exemplo, destruindo o planeta com predação e poluição, e brincando aos demiurgos com clonagens... Há, realmente, frutos proibidos na árvore da ciência. A serpente não tinha razão, mas teimamos em segui-la.

6.4. *Faces e Dimensões da Dignidade da Pessoa Humana*

Na feira de reivindicações do impossível, vê-se muitas vezes a dignidade ao espelho: cada um se olha e se acha digno, e credor de consideração, respeito, e direitos. Não faria nada mal que de vez em quando considerássemos a dignidade do outro lado: como uma qualidade geral das pessoas, que carecem de ser tratadas com respeito, lisura, delicadeza até.

A dignidade da pessoa humana tem várias dimensões. Tem uma dimensão antes de mais ética, pela qual a pessoa não pode ser objecto de qualquer tipo de agressão ou tratamento vexatório, minimizador, degradante, que a rebaixe na qualidade de ser sensível, racional... dir-se-ia, *feito à imagem e semelhança de Deus...* para os crentes. Evidentemente que os ataques mais violentos e graves a esta dimensão entram na tutela jurídica, e em última instância no foro criminal. Depois, há que não esquecer das condições materiais mínimas indispensáveis ao florescimento não só do respeito social (infelizmente assim é) como da própria auto-consciência da dignidade pessoal. E sem esse mínimo de condições de subsistência, em que, mais do que subsídios, sobretudo incluímos o emprego, nem se é respeitado, nem o próprio, muitas vezes, se respeita ou pode dar ao respeito.

Talvez num futuro de um mundo sobretudo sustentado por máquinas possamos cumprir o nosso destino, que Agostinho da Silva diz não ser o de trabalhar... Mas, ao invés, o de fazer coisas não submetidos ao *tripalium* (instrumento de tortura – origem da palavra trabalho), de obrar criativamente... com gosto... e não por obrigação, mercê da condenação "ganharás o pão com o suor do teu rosto". Para já, porém, o emprego é ainda condição, para muitos, de dignidade social e pessoal e até de equilíbrio psicológico.

6.5. **Crise da Dignidade**

Vivemos hoje, infelizmente, tempos bárbaros (talvez de uma barbárie ainda civilizada: *La Barbarie Civilizzata* é um título de Pier Paolo Ottonello) de profundo ataque à dignidade das pessoas.

No limite, como modalidade mais gravosa de atentado à dignidade (da vítima mas também do agressor), está o crime, que aumenta e amedronta vertiginosamente nas metrópoles.

Mas a dignidade sofre pressões e compressões e até atentados mesmo do Estado e seus poderes, que não defendem (e muito menos acarinham) os cidadãos suficientemente e dele reclamam trabalho e impostos exagerados, dando-lhes em contrapartida uma qualidade de vida insustentável, por vezes no limiar da indigência.

Também os cidadãos se agridem e cada vez menos sabem conviver civilizadamente, o que cria um deserto de civilidade e faz parecer quem é educado, deferente, solícito e cumpridor uma espécie de E.T. ou marciano.

Finalmente, as pessoas individuais, que, na pressão do colectivo, do social, na angústia da solidão e do anonimato, na febre do consumismo, também se atiram para situações de desrespeito pela sua própria dignidade: trabalhando demais e em péssimas condições, para sobreviver, uns, para consumir desregradamente, outros; curvando a cerviz a tiranos e tiranetes, no emprego e na sociedade, pelas mesmas razões; chegando mesmo a formas de prostituição mais ou menos sofisticada, como a que decorre de certos programas televisivos que só visam a satisfação das mais baixas pulsões das camadas mais ignorantes e mais desprovidas de gosto da população. As quais, porém, pela mesma lei imitativa ascendente que levou o tango dos lupanares aos salões, ou a valsa dos campos aos palácios (e que Gabriel de Tarde verificou, nas suas *Leis da Imitação*), já estão a conquistar camadas que deveriam encontrar-se noutro estádio de desenvolvimento mental e da sensibilidade. Só que o tango e a valsa, sendo de origem humilde, tinham graça ou garbo, ou seja, formas de beleza. E o que agora se imita é horrendo.

6.6. *Dignidade, Direito e Política*

A dignidade da pessoa humana encontra-se logo no art.º 1.º da Constituição da República Portuguesa de 1976, que afirma que "Portugal é uma República soberana, baseada na dignidade da pessoa humana....". Já foi criticada esta fórmula, por Soares Martínez, porquanto uma república pode e deve respeitar tal dignidade mas não poderia basear-se nela. Seja como for, é tranquilizador ver que o nosso Direito, e no topo da pirâmide normativa das fontes legais, se preocupa com a dignidade da pessoa humana.

A questão é, pois, fazê-la saltar do papel da Constituição para a vida. Mas isso é obra de cada um de nós, é obra política sobretudo.

6.7. *Liberdade e Livre-arbítrio*

É difícil, nestas coisas essenciais e conaturais ao Homem, saber o que está primeiro e o que vem depois, o que é causa e o que é feito. Pressuporemos assim que se trata de aspectos contemporâneos e que se interligam: a Dignidade e a Liberdade da Pessoa Humana. Sentimos facilmente que o ser digno que é o Homem tem de ser também um ser livre; e que o ser livre que o Homem é não pode deixar de se revestir, assim, de dignidade.

A liberdade é, no seu cerne, em grande medida, aquilo a que se costuma designar, num vocabulário mais teológico e filosófico, por livre-arbítrio. Não se trata de uma pura e simples indeterminação, e na capacidade mágica de fazer tudo o que a vontade e a imaginação ditam, ou o capricho pretende. Não se trata, assim, de libertinagem nem de capacidade demiúrgica (pressupondo que o demiurgo nem estivesse vinculado a leis – como Deus está, ao contrário do que pensava Ockham e os nominalistas seus seguidores). Não se trata de ausência de peias, de oposições, de impedimentos, de limitações.

A liberdade do Homem é precisamente feita das suas limitações naturais e das barreiras que a cada pessoa erguem os seus oponentes, pessoais ou naturais. A liberdade é precisamente, antes de mais, a capacidade, a possibilidade de escolher entre diversas vias sempre possíveis. Há sempre alternativas, e cada pessoa pode sempre escolher, decidir o seu destino (e o dos outros, na medida em que se imbriquem). A liberdade é essa possibilidade de "não ir por aí" – mesmo que não se saiba *por onde* nem *para onde* se irá –, como bem se obstina em afirmar José Régio, no seu admirável *Cântico Negro*.

Mas essa liberdade é assim sobretudo responsabilidade: porque obtar, ainda que entre males, pelo menor mal, traz sempre sacrifício, risco, e as consequências inevitáveis. Por isso o homem livre não é um inconsciente, nem a liberdade o caos das possibilidades. Como escreveu Gustavo Corção, "O homem livre não é o que 'traz dentro de si um caos para dar à luz uma estrela dançante'. Um homem livre é aquele que ama a terra em que pisa e a casa em que mora".

6.8. *Liberdade Política*

Da liberdade pessoal se passa à liberdade política. Antes de mais, aquela é base e condição desta. É porque somos essencialmente livres que construímos, naturalmente, e naturalmente aspiramos, à liberdade no plano político.

A liberdade política acaba assim por poder ser traduzida, em relação à liberdade pessoal, como a situação ou ordem das coisas políticas capaz de plenamente assegurar o desenvolvimento da liberdade de cada um. A Constituição da Alemanha, ainda quando RFA, exprime-o de algum modo, assinalando as condições de livre desenvolvimento da personalidade – o que implica, evidentemente, não só desenvolvimento consigo, mas desenvolvimento social, em sociedade, ou seja, desenvolvimento na política.

Pessoa e Liberdade

Evidentemente que a liberdade política tem uma longa história de avanços e recuos e se desdobra hoje, nas fórmulas constitucionais do nosso tempo, sobretudo em direitos, liberdades e garantias, que extravasam já o político *stricto sensu* para avançarem em várias gerações de direitos.

Temos de ter o distanciamento histórico para compreender que nem sempre foi assim, e pode não continuar a ser assim. A liberdade política é mais vasta que o actual sistema instituído pelo constitucionalismo moderno. A fonte da imaginação política não secou.

Desde logo, uma divisão já clássica distingue a *liberdade dos antigos* da *liberdade dos modernos*. A primeira correspondia à participação dos cidadãos (não de todos, porque há muitos "excluídos") no poder da *Pólis* ou da *Civitas*, constituindo a segunda sobretudo uma garantia face ao poder do Estado.

Mas outras divisões, menos conhecidas, existem. Pode haver, e tem havido, vários sistemas de protecção da Pessoa e de garantia da Liberdade. Os mais conhecidos hoje são os sistemas anglo-saxónico (inglês e americano) e francês, que corresponderam às primeiras grandes revoluções políticas modernas. O sistema soviético, considerado, pelo contrário, nada protector da liberdade, deixou no Ocidente um escasso legado. Mas outros sistemas existiram, e até anteriores, como o hispânico, que aliás se expandiu, pelos Descobrimentos, à América Latina. E que tinha até a vantagem, face ao abstracto e proclamatório do sistema francês das declarações de direitos, que as constituições escritas herdaram, o facto de se interessar pelas próprias coisas justas, pela concretização muito prática da protecção das pessoas: as liberdades, direitos e garantias...

Claro que esta realidade histórica se encontra muito pouco testemunhada nos manuais, sobretudo porque os países ibero-latino-americanos, desde a Modernidade, e sobretudo a partir da Ilustração, quase abdicaram do seu génio jurídico e político próprio, considerando-se tanto mais progressivos e modernos quanto mais foram copiando as criações além-Pirenéus e além-mar. Por isso, e pelo geral complexo etnocêntrico que identifica progresso económico e tecnológico com progresso moral, cultural e juspolítico, temos sido, também nós, sobretudo consumidores de produtos estrangeiros. Nem sempre da melhor qualidade, e em muitos casos inadaptados à nossa idiossincrasia.

BIBLIOGRAFIA MÍNIMA:

Síntese: PAULO FERREIRA DA CUNHA, *Res Publica. Ensaios Constitucionais*, Coimbra, Almedina, 1998, máx. pp. 15-25

Fundamentações e outras perspectivas: STAMATIOS TZITZIS, *Qu'est-ce que la Personne?*, Paris, Armand Colin, 1999

Complementos: PAULO FERREIRA DA CUNHA, *Teoria da Constituição*, II. *Direitos Humanos, Direitos Fundamentais*, Lisboa / São Paulo, 2000, máx. 92-100, *et passim*

Idem, Liberdade, in "Verbo. Enciclopédia Luso-Brasileira de Cultura. Edição séc. XXI", vol. XVII, Lx./ S. Paulo, Novembro de 2000

Idem, Amor Iuris. Filosofia Contemporânea do Direito e da Política, Lx., Cosmos, 1995, máx. pp. 35-62

Capítulo 7. **Autoridade e Legitimidade**

7.1. *'Potestas' e 'Auctoritas'*

O poder *tout court*, o simples poder, *potestas*, depende de dados de facto, muito comezinhos por vezes, como o deter ou não deter as armas. Quem detém o poder (no limite porque tem consigo as armas, ou algum tipo de ascendente – afinal autoridade – sobre quem as detém) pode aspirar a ser obedecido, por passividade e por medo. No limite, utilizará a força para impor o que pretende. Quem diz as armas, numa situação-limite, diz qualquer meio de favorecer ou de prejudicar outrem.

Há muitos autores concordes com esta perspectiva. Por uma forma ou por outra, a questão está em levar os outros a fazer o que desejamos – por meios que vão da persuasão (que pode ser retórica: por isso a retórica é uma forma de poder) até à coacção, como sugere M. G. Smith.

Coisa bem diferente é a autoridade, *auctoritas*, que tanto pode encontrar-se como suporte de um poder legítimo (ou por ela mesma legitimado), como encontrar-se privada de poder que lhe dê eficácia. Neste último caso, será uma autoridade "platónica", mas, ainda assim, com o peso da sua razão. Com, por exemplo, um "magistério ou magistratura de influência"...

Mesmo os poderes mais crassos, de vez em quando, têm necessidade, por intuitos decorativos, imitativos, ou outros, de umas figuras de anciãos sábios, que personifiquem a prudência, a isenção, etc. Aí está, quantas vezes no limite do arbítrio, a presença da *auctoritas*. Mas até estes usos estão a passar de moda...

O que parece mais interessante é que é sempre necessário o poder para que a vontade se torne acção, para que as ordens sejam acatadas, e mesmo para que as regras sejam respeitadas. Lucy Mair relembra esse aspecto: aparentemente, em nenhuma sociedade as normas se auto-executam sem a intervenção, ao menos latente ou como pano de fundo, do poder. E nada há de mais triste pessoalmente nem de tão nocivo socialmente que a autoridade não reconhecida. Voltando a Heródoto: nada parece ser mais doloroso que o ter saber sobre muito e poder sobre nada.

7.2. *A Tripartição de Max Weber*

Enquanto o poder simples é muito fácil de explicar – no limite, como vimos, é fruto da força, da violência –, já a autoridade se reveste da mais profunda complexidade. Uma forma de a interpretar ou analisar será talvez fazer apelo aos tipos ideais de Max Weber, no seu monumental *Wirtschaft und Gesellschaft.*

A noção de tipo ideal é, *grosso modo*, a de uma estilização ideal, a construção de um modelo teórico, com dados extraídos da realidade concreta, mas que com ela nunca podem coincidir realmente, pelo multímodo e amalgamado do real. Apesar dessa não correspondência no pormenor, os tipos-ideais revelam-se muito úteis como generalizações e instrumentos de classificação, agrupamento e análise das realidades concretas.

Ora Weber detectou três grandes tipos ideais de autoridade, e consequentemente de legitimidade: a tradicional, a carismática, e a legal-racional.

A autoridade tradicional é a que deriva do costume, do cumprimento ritual do que vem sendo feito, tem a força normativa dos factos repetidos e do ter-se sempre feito; assim, obedecido assim. É uma forma normalmente patriarcal e por vezes paternalista de governação que de tal legitimidade surge. A gerontocracia, governo dos mais velhos, é naturalmente também uma das possíveis implicações da autoridade tradicional.

Sucessivas legitimidades de título parece fundarem este tipo de autoridade.. No fundo, trata-se de não romper o curso normal ou tradicional, das coisas...

A autoridade carismática, pelo contrário, tudo tem a ver com o tirano no sentido etimológico. Ungida de um *je-ne-sais-quoi*, a personalidade excepcional, dotada de carisma, de um dom especial, que pode ser o magnetismo do olhar e/ou da palavra, a capacidade de persuasão, de arrastar as massas, de obrigar a fidelidades, de impor respeito, etc., é legitimamente governante porque esse poder se evidencia como se de um título originário se tratasse.

Normalmente identifica-se a liderança carismática com a de grandes ditadores. Mas, como é óbvio, também há ditadores sem carisma evidente, e há personalidades democráticas com altíssimo carisma. Resta saber se o carisma não acarretará quase sempre, mesmo em democratas, uma propensão pessoal para o autoritarismo (decorrente por vezes do auto-convencimento de que se está a servir uma causa, e sobretudo a cumprir uma missão). Essa propensão autoritária converter-se-ia em totalitária no culto da personalidade dos grandes líderes comunistas, com ou sem carisma, como Estaline e Mao...

O carisma não é apenas próprio de grandes políticos que disputam o poder estadual. Mesmo os simples particulares, que nunca exerceram qualquer actividade institucionalmente política, dele podem ser dotados. Nas sua excelente *Autobiografia*, a romancista policiária Agatha Christie, que também se dedicava ao negócio (e ao passatempo) de compra, remodelação e venda de casas, conta das agruras que teve para colocar em respeito uns pequenos vizinhos irrequietos que saltavam o muro e estragavam o quintal, até que, desesperada, contou o caso a sua mãe. A esta, sem dúvida uma pessoa carismática, bastou lançar-lhes um olhar reprovador. Remédio santo. Ainda há quem diga que o poder não se exerce fora do Estado. O que é este olhar senão afirmação, uso efectivo, do poder carismático?

Finalmente, refira-se a autoridade legal-racional, que é a que a mais comum nos nossos tempos e nos nossos sistemas de governo. Ela deriva, como bem afirma Weber, da complexificação e burocratização das sociedades em larga escala, apenas tornando possíveis decisões por métodos abstractos e quantitativos (como o é, aliás, o voto), e obrigando à definição mais ou menos clara, em normas jurídicas, das regras do jogo do poder (desde logo, na Constituição, leis eleitorais, etc.).

7.3. *Legitimidade*

A melhor forma, ainda hoje, de considerar a legitimidade de qualquer poder, embora sobretudo adaptada aos poderes institucionais clássicos (desde logo aos governos) é ter em conta que existe uma legitimidade de título e uma legitimidade de exercício.

A questão do título é também muito importante em Direito, embora nem sempre seja sublinhada enquanto tal. Um título jurídico é uma forma aceite por uma ordem jurídica, para a constituição, modificação, ou extinção de relações jurídicas. Pode ser uma palmada no ombro de um marinheiro para sua contratação num barco do Havre, pode ser um círculo de fumadores de cachimbo da paz entre duas tribos de índios norte-americanos, pode ser uma lei, uma sentença, um contrato, um testamento, aquisição originária, etc., etc.. E a noção do que seja e do alcance do que valha um título jurídico é muito importante, na medida em que, sendo o Direito, essencialmente, a constante e perpétua vontade de atribuir a cada um o que é seu (*constans et perpetua voluntas suum cuique tribuendi*), muitos têm esclarecido o que é o *seu* de cada um como sendo o que lhe pertence por título. Isto é, se tens um contrato, um testamento, se caçaste, se pescaste, se uma sentença to conferiu, se uma lei to atribui, é teu. E perante o desespero dos que não têm nada, e que assim juridicamente seriam privados de tudo, sem esperança, outros, mais subtis – ainda que menos "purificadores" da "pura" "Ciência Jurídica" –, adiantam que também um mínimo de dignidade material nos é devido a todos pelo mais profundo título de todos, que é o sermos homens. A natureza humana, ou melhor, para cada um, a condição de ser humano, seria um título jurídico.

Como se põe o problema em política? Em grande medida, também no plano jurídico. O Direito atribui a cada um o *seu*. E se o Direito privado atribui bens privados, o Direito público, e especificamente o Direito Constitucional, atribui coisas públicas, e no caso concreto, cargos ou poderes, honras, bens públicos. A distribuição dos poderes, honras e bens públicos que constitui o poder (nas suas dimensões, nas suas parcelas, sobretudo depois de instituída – *tant bien que mal* – a separação dos poderes) é também feita de acordo com títulos. Que são políticos, mas que são também jurídicos.

Assim, numa velha monarquia vitalícia e hereditária a coroa é transmitida (atribuída) segundo leis fundamentais do reino, consuetudinárias ou escritas, testamentos de reis, decisões de cortes (várias fontes de Direito, conforme os casos, as circunstâncias). Em princípio, passará de pai para filho – *the king is dead, God save the king* – numa reactualização ritual do mito do rei e dos seus dois corpos: um, perecível; outro, afinal, imortal – como explicou Kantorowickz, em *The King's two bodies*. O título que permite a transmissão é a filiação, a qualidade de ser filho, ou filha (nos países em que, como Portugal, não vigora a lei sálica). Numa república electiva e não vitalícia (porque também as há vitalícias, e nalguns casos quase se diria que as há hereditárias – mas nunca formalmente), e concretamente numa república de democracia representativa, o título que permite a alguém ser presidente da república é a eleição, directa ou indirecta, conforme o prescrito na respectiva Constituição. Esse o título jurídico.

Ora, quando se não respeita o *due process of law*, o ritual exigido, o procedimento legalmente vigente, ou aceite pela ordem jurídica, para a designação de um titular de um corpo político, quando isso acontece, e quando a preterição de formalidades é muito gritante (porque pode haver pequenas formalidades de somenos, mais ou menos irrelevantes), então estamos perante uma situação de ilegitimidade de título.

Todavia, pelo próprio carácter dinâmico e essencialmente substancial da política, a questão formal pode ser preterida, e o problema da legitimidade é, no fundo, muito mais uma questão de exercício do poder, da sua bondade, competência, demofilia, do que do título. Assim, pode haver soberanos (sejam reis, ou parlamentos, ou televisões – soberano, numa definição já clássica, é "o que decide do estado de excepção"...) que hajam sido designados e entrado na posse dos seus cargos de forma muito correcta, perfeitamente titulada (a televisão ainda não é explicitamente em parte alguma órgão de soberania, portanto, não está neste rol), e, pelo erro, desvario, perversidade, hajam perdido a legitimidade por um mau exercício: é o que classicamente se chamou *tirania de exercício*. Já o tirano por título (que é o caso clássico de Édipo, rei de Tebas, retratado na peça de Sófocles normalmente conhecida pelo nome latino *Œdipus rex*) é apenas alguém que, pelo contrário, normalmente graças à sua extraordinária capacidade, ascende ao poder com preterição das formalidades tradicionais. Um Napoleão é um tirano de título sem qualquer dúvida. Édipo, de Tebas, foi tirano porque decifrou o enigma e matou a esfinge que assolava a *Pólis*: pelos seus feitos se tornou rei.

A tirania de título é apenas uma forma extraordinária de acesso ao poder, quebrando as regras normais. O grande problema é a tirania de exercício. A expressão grega "tirano" passou a ter conotações negativas porque os tiranos (lembremo-nos dos Trinta Tiranos!) de título passaram a comportar-se muito frequentemente como tiranos de exercício: ou seja, passaram a comportar-se desmedidamente, a abusar do poder.

O povo tem entre nós provérbios que bem espelham o perigo dessas ascensões sociais e políticas meteóricas e não fundamentadas (o que também valeria para espíritos doentes, recalcados, complexados, e afins...): "não sirvas a quem serviu, nem peças a quem pediu"; e, mais esclarecedor ainda: "se queres ver o vilão, mete-lhe a vara [símbolo do poder, qualquer poder] na mão".

Em todo o caso, também há situações de reis legítimos pelo título e cujo exercício deixa a desejar. Em Portugal, tivemos algumas deposições reais, e pelo menos uma admoestação a um rei, que depois entrou no bom caminho...

Não queremos enveredar pela polémica da legitimidade do título dos Filipes para reinarem também em Portugal, embora por natureza sejamos partidário das Cortes de Lamego, ainda que míticas, e do mártir D. António, Prior do Crato. Mas se porventura considerássemos que Filipe II de Espanha e I de Portugal nos houvera, nas suas próprias palavras (que tanto nos devem envergonhar), *herdado, comprado e conquistado*, não haveria dúvida de que a dinastia filipina era por título (ao menos o de herança, claro) legítima. Todavia, e João Velasco Gouveia viria a prová-lo na *Justa Aclamação de D. João VI*, a forma como descuraram as coisas portuguesas, como nos fizeram lutar nas suas guerras, como nos queriam juridicamente transformar em província e na prática já o faziam, tudo isso, constituiu verdadeira tirania de exercício, que tornou perfeitamente legítima a Restauração, e, segundo alguns, teria mesmo tornado possível (se fosse proporcional e necessário – e no caso não era) o próprio tiranicídio.

Fala-se contemporaneamente muito em crise de legitimação, até em crise de legitimação do Estado Democrático. O problema não é inventar grandes teorias complicadas que mais enredam do que explicam, e, se servem para engalanar ou pelo menos encher os *curricula* dos investigadores, não contribuem em nada para que tenhamos uma cabeça com ideias claras e distintas. Estas simples ideias antigas, se bem aplicadas ao presente, constituem já uma ferramenta muito útil.

Por outro lado, é preciso é investigar, sem tabus, correcção política e pensamento único, se realmente as democracias ainda o são, e como está a relação do poder com o povo. E mais: como está o povo. Pergunta-se mesmo se ainda há povo, ou se só há grupos fechados, plebe, luta de todos contra todos, quotidiano de guerra civil (como parece pensar um Hans Magnus Enzensberger, no seu *Aussichten auf den Buergerkrieg*). Ainda não teremos lá chegado, mas o perigo espreita...

Em suma, a legitimidade advém por um lado da forma de chegar ao poder, mas por outro, e sobremaneira, da forma de estar no poder. Pode dizer-se que o ideal é uma legitimidade cumulativa de título e de exercício, mas que a de exercício supre a de título (como que convalida a falta desta), enquanto o contrário nunca sucede.

BIBLIOGRAFIA MÍNIMA:

Panorâmica da problemática actual: ALBERTO MONTORO BALLESTEROS, *Razones y limites de al legitimación democrática del Derecho*, Murcia, Universidad de Murcia, 1979

Quase-clássico: NIKLAS LUHMANN, *Legitimation durch Verfaheren*, 2.ª ed., Neuwid, 1975, ou *Legitimação pelo procedimento*, Brasília, Ed. Univ. Brasília, 1980

No Direito em Geral: JOÃO BAPTISTA MACHADO, *Introdução ao Direito e ao discurso legitimador*, reimp., Coimbra, Almedina, 1985

Na Política, hoje: ENRIQUE OLIVAS, *et al.*, *Problemas de Legitimación en el Estado Social*, Madrid, Trotta, 1991

Capítulo 8. **Justiça, Bem Comum e Justiça Social**

8.1. *Política e Justiça – enunciado do problema*

Há normalmente muitas confusões sobre os fins e os valores da Política e os de outras realidades, propostas, áreas, que com ela têm afinidades.

Uma das confusões tem a ver com a Justiça. Será que a Política tem alguma relação com a Justiça? O político deve preocupar-se com a Justiça? Deve ser um homem justo?

A relação da política com a Justiça não pode deixar de nos levar ao problema das suas relações com o Direito, cujo princípio, fundamento, e/ou fim seria, pelo menos para muitos (e acertadamente), a própria Justiça.

Mas todos também sentimos, e frequentemente ouvimos, que a política (as políticas, os políticos, as facções políticas) também pretende alcançar, ou pelo menos promover a Justiça. Os *media* enchem a boca do *human rights talk*, em que a ideia Justiça não pode deixar de estar, ainda que imperfeitamente, presente, e é frequentíssimo o discurso versar sobre várias versões de "justiça social".

Pois este adjectivo "social" é-nos precioso. Porque nos indicia que a justiça de que falam os juristas (pelo menos os rigorosos) e a que falam os políticos, e até os cientistas políticos, não é a mesma.

8.2. *Em demanda da Justiça nos clássicos*

A questão foi dilucidada classicamente no Livro V da *Ética a Nicómaco*, de Aristóteles, e Tomás de Aquino, no respectivo comentário, confirmaria a solução, que depois fez transitar para a parte respectiva da *Suma Teológica*, muitas vezes conhecida como *Tratado da Justiça*.

Pode parecer estranho que tenhamos de recuar a livros com tantos séculos de idade para resolver um problema ainda hoje aparentemente em aberto: mas tal não nos deve assombrar. Muitos dos problemas filosóficos, éticos, espirituais, enfim, da esfera cultural *latissimo sensu* com que os nosso tempos se deparam, e que os angustiam mesmo, foram já tratados por autores de épocas muito anteriores, os quais, descontado o inevitável "ar do tempo", muitas vezes os resolveram de maneira muito satisfatória, que só teríamos que recuperar e adaptar, *mutatis mutandis*. Quem o nega normalmente fá-lo mais por desconhecimento do passado e do passado pensante, do que por verdadeira discordância ou recusa (embora também haja casos desses). O problema é que na evolução da história do pensamento, como assinalou Thomas Kuhn, progredimos (ou regredimos), em todo o caso *mudamos* por saltos, por descontinuidades. A própria noção de paradigma científico (e também filosófico, jurídico, político...) não foge a essa situação: por um lado, as teorias acumulam-se, magmática, sedimentarmente, sem muitas vezes dialogarem entre si. E a superação de uma teorização, de uma perspectiva, de um paradigma, acaba, assim, por verificar-se, não, como deveria racionalmente fazer-se, por refutação racional e fruto da discussão, mas porque nos esquecemos das coisas, que também aqui passam de moda.

Ora o que se passou com Aristóteles (e Tomás de Aquino) foi que passaram de moda, só não há muito, e mesmo assim não em todos os círculos intelectuais, tendo começado a recuperar terreno...

8.3. *As Duas Justiças, em Aristóteles e Tomás de Aquino*

Aproveitando o legado aristotélico-tomista, diríamos que, numa primeira abordagem (mantendo-nos estritamente fiéis ao seu legado) podemos considerar dois tipos de Justiça, e, procurando ser um pouco mais multiplicadores dos entes (ou cortadores de cominhos teóricos, como diria Bacon), veríamos três tipos.

Aristóteles e Tomás de Aquino consideram sobretudo (para o que agora nos importa) uma justiça geral, política (da *Pólis*), a qual é também considerada a mais alta das virtudes, e uma justiça particular, específica, no fundo a justiça jurídica, própria do Direito. Evidentemente que a primeira é mais vasta, de algum modo mais perfeita (também porque mais abrangente).

Mas, apesar dessa perfeição da justiça geral, entende-se que é necessário especializar uma função do político (diríamos nós, seguindo a trifuncionalidade indo-europeia, tão bem tratada por Dumézil), a primeira função, a função mágico-soberana, autonomizando o mundo das relações mais comuns na convivência social dos homens, não lhes exigindo santidade ou excelência (*areté*), nem sabedoria, nem heroicidade, mas essencialmente uma lisura comum, que os romanos estilizariam na fórmula da diligência do bom pai de família (*bonus paterfamilias*), agindo com boa fé (*bona fides*). O *homo juridicus* que assim se procurou criar, isolando (é o *Isolierung* da doutrina alemã) a justiça desse jogo de atribuição do dar o seu a seu dono, nem sequer é um *gentleman*, que dá um pouco mais do que recebe: no Direito, os pratos da balança encontram-se absolutamente equilibrados (*isos*), e o fiel a prumo, direito (*de-rectum*; *di-rectum*): *suum cuique tribuere* (atribuir a cada um o que é seu – nem mais, nem menos).

8.4. *Isolamento e Politicidade do Direito*

Esta Justiça própria do Direito implica, evidentemente, por um lado um rigor muito grande (designadamente quando fazemos intervir os títulos jurídicos, como vimos *supra*) e por outro, quando se admite que a condição de ser Homem também é título jurídico, abre a porta a considerações menos "puras", que bem podemos chamar políticas. Mas o Direito nem por isso deixa de ser autónomo a partir do *ius redigere in artem* dos Romanos, apesar de intromissões abusivas estarem a assediar essa especificidade, com perda para todos.

A determinação dos títulos jurídicos é já duplamente jurídica, quer pela política por assim dizer natural que estabelece surdamente as fontes de direito não voluntárias ou não voluntaristas (como o costume), quer pela política bem visível e bem estadual (ou afim) que determina as fontes de direito voluntárias, ou até voluntaristas (como a lei). Mas uma autonomia relativa do Direito se desenha, na medida em que numa sociedade política sã prevalece a exigência de se "fazer justiça" não de acordo com critérios primariamente políticos, nomeadamente pelo simples casuísmo, pelo subjectivismo, e pelo arbítrio, vogando ao sabor da vontade das forças dominantes, mas precisamente ao invés, segundo critérios pré-definidos (não esquecendo o caso, mas enquadrando e procurando a equidade e a justiça comparativa entre as várias situações), a que podemos chamar propriamente e independentemente jurídicos.

8.5. A Justiça Social. Uma terceira Justiça

O pensamento do realismo jurídico clássico divide, assim, a Justiça em duas, mas sobretudo para apartar a jurídica, para, afinal, proclamar o seu nascimento, para lhe dar vida própria.

Cremos que se justificaria uma tripartição, ou uma bifurcação na autonomização a partir dessa magna Justiça primordial que é virtude mas é mais que virtude, valor, e mais coisas ainda.

A Justiça jurídica, do *suum cuique*, tem plenamente sentido separada. Mas também faz sentido autonomizar a Justiça social, a justiça enquanto ideal político (e, numa extensão analógica do conceito, eventualmente abarcando a luta pelo mesmo ideal). Não são dois compartimentos estanques, mas a Justiça social apenas pode, de algum modo, lembrar à Justiça jurídica que se não deve esquecer com o simples jogo das leis e dos títulos (no fundo, com um procedimento excessivamente positivista legalista, normativista e dogmático-sistemático), da sua função, do seu princípio e do seu fim: a Justiça *tout court*.

Com a autonomização da Justiça social, que, ao contrário da jurídica (dotada de uma componente mais técnica, mais rigorosa) está em permanente discussão e é alvo de boa parte do conflito político, a Justiça geral, a Justiça *tout court*, fica aliviada de uma componente precisamente inversa da jurídica: pela sua turbulência natural e inevitável polémica.

Assim, a Justiça que reina no tecto da *Stanza della Segantura* de Rafael, perto da parede onde se representam as Virtudes e as Leis, pode passar a ser uma Justiça muito mais decantada, muito mais purificada: será a Justiça virtude geral, será a Justiça valor.

Ficamos assim com três Justiças: a Justiça geral, virtude das virtudes, e um dos valores fundamentais; a Justiça jurídica, estritamente preocupada com que seja atribuído a cada um o que é seu, numa espécie de mínimo denominador ético social comum; e finalmente a Justiça social, que espelha as discussões sobre a Justiça no mundo político.

É absolutamente imprescindível não confundir estes terrenos. E clamar por que o Direito tutele uma situação de justo na perspectiva da virtude, ou da justiça social, *prœter legem* ou sobretudo *contra legem* é não só intelectualmente confuso como socialmente nocivo. É porém sempre possível avaliar à luz da política ou da ética o que é estritamente jurídico no plano formal. Mas tal só será válido se se distinguir bem o que é justo *de iure constituto* com o que o poderá ser *de iure constituendo*, o que é *sein* e o que é *sollen* (ser e dever-ser). Se a Filosofia do Direito e a Filosofia Política se interligam por vezes, não deixa de ser higiénico dar também o seu a seu dono em matéria epistemológica, sem prejuízo, antes pelo contrário, da salutar interdisciplinaridade. Se bem que ambas se aliem na disciplina de "Filosofia do Direito e do Estado".

8.6. *Bem Comum*

O que hoje designamos por justiça social tem, em tempos mais recuados, sobretudo medievais, um parente próximo, para não ousar dizer um equivalente, que isto não há sinónimos: o Bem Comum. *Grossisimo modo*, e com todas as precauções de uma *redescrição* temporal, poder-se-ia talvez dizer que o paradigma do "Bem Comum" corresponderia, no mundo pré-moderno sobretudo, à ideia de uma Justiça social geral, desprovida da carga reivindicativa e por vezes *partisane* que ela hoje acusa, em alguns discursos – felizmente localizados.

A ideia de Bem Comum anda, aliás, explicitamente associada à lei, no pensamento de Tomás de Aquino: como o fim para a que tende o acto promulgado por aquele que tem a cura da comunidade política (diríamos nós, o soberano). É para o bem comum, em suma, que se legisla.

E embora no aquinatense a parte da *Suma Teológica* conhecida por *Tratado da Lei* não seja a parte mais jurídica da sua obra (que está no *Tratado da Justiça*), sempre nos é útil esta relação.

Longe de ser um conceito ou um estádio estático, o Bem Comum é um desafio quotidiano, e um grande fim não só do legislador, especificamente, como de todos os actores políticos. Em sentido convergente, no seu *Dicionário de Política*, Galvão de Sousa, Clóvis Lema e José Fraga sugerem-nos uma aproximação à perspectiva da dignidade humana como garantia das condições de desenvolvimento pessoal, quando assinalam que o Bem Comum

"pode ser definido como *o conjunto de condições externas adequadas a permitir o pleno desenvolvimento dos homens, das famílias e dos grupos sociais integrantes da sociedade*" (p. 61).

Também não pode deixar de associar-se o Bem Comum com o princípio da subsidiariedade, o qual, postulando a vantagem de as decisões serem tomadas sempre no nível social e político mais próximo dos respectivos problemas (sendo os corpos políticos

Justiça, Bem Comum e Justiça Social

mais gerais, e em última instância o Estado e entes supra-estaduais, sempre subsidiários, devendo entrar em acção apenas supletivamente), de algum modo daquele primeiro é condição e meio.

No seu livro, *Bien Común y Enemigo Público*, aliás de acento muito polémico, o consagrado romanista Álvaro D'Ors assinala a ligação entre Bem Comum e Lei Natural, conformando aquele com esta. E, o autor também recorda, evidentemente, que o Bem Comum é Bem. E que a distinção entre Bem e Mal não é arbitrária, ou simples fruto da vontade ou da opinião. Contudo, sempre se argumentará que essa é a sua opinião, e que há bem diversas concepções de Bem e de Mal no mercado público das éticas e das morais. O que, longe de resolver o problema, o agrava, mas todavia esclarece de forma realista e menos dogmática.

A doutrina anglo-saxónica leva-nos a outros conceitos, cuja tradução tem de ser cautelosa: *fairness, welfare, equality...* Recomenda-se o maior cuidado na transposição conceitual.

De qualquer modo, a expressão Bem Comum não parece encontrar-se em generalizada fortuna no nosso tempo (apesar de estudos como os de Josef Endres, *Gemeinwohl heute,* ou da significativa obra colectiva coordenada por Peter Koslowski, *Das Gemeinwohl zwischen Universalismus und Particularismus*), talvez pelos normais preconceitos a expressões cuja conotação tenha algo de antiquado, medieval, teológico, etc.. Não deixa, porém, de ser um conceito com um recorte técnico a reter e um instrumento da acção política a considerar.

Por seu turno, a justiça social tende também a ser "levada a sério", para recordarmos um título de Dworkin e outro de Gomes Canotilho. Acaba por ser, hoje, uma dimensão essencial da Pessoa e da sua dignidade em acto, requisito essencial da República e do Estado de Direito democrático, que é também *social*.

BIBILIOGRAFIA MÍNIMA:

RAYMOND BOUDON, *Le Juste et le Vrai*, Paris, Fayard, 1995

PAULO FERREIRA DA CUNHA, *O Século de Antígona*, Coimbra, Almedina, 2003

CAMILO TALE, *Lecciones de Filosofía del Derecho*, Córdova, Argentina, Alveroni, 1995, pp. 245-291

SOPHIE GUÉRARD LATOUR, *Le Société Juste. Égalité et Différence*, trad. port., *A Sociedade Justa, Igualdade e Diferença*, Porto, Porto Editora, 2003

PAUL W. MCNELLIS, *Bem Comum: um conceito político em perigo?*, "Brotéria", vol. 144, 1997, pp. 519-526

LÚCIO CRAVEIRO DA SILVA, "Marxismo, filosofia da libertação", in *Ensaios de Filosofia e Cultura Portuguesa,* Braga, Faculdade de Filosofia, 1994

Na *Internet*: http://perso.wanadoo.fr/claude.rochet/philo/philopo.html

Parte IV

DA ESTRUTURA POLÍTICA
OU
DAS INSTITUIÇÕES POLÍTICAS
Tópicos juspolíticos

Capítulo 9. Constituição e Constitucionalismos

Capítulo 10. Povo, Nação, Estado, Supra Nacionalidade, Soberania e de outras formas políticas

Capítulo 11. Formas de Governo

Capítulo 12. Direitos e Deveres

Capítulo 13. Organização e Controlo do Poder. Estado, Poderes e Separação dos Poderes

Capítulo 14. Sufrágio, Democracia e Representação política. O Estado de Direito

Capítulo 9. **Constituição e Constitucionalismos**

9.1. *A Constituição entre o Direito e a Política*

O universo das questões constitucionais é fascinante, e uma das principais razões para esse fascínio resulta do facto de ser um mundo impuro, a meio caminho entre a fera à solta da política e o mais formal, organizado, domesticado e domesticador "Direito". O Direito Constitucional é, sem dúvida Direito, verdadeiro Direito e direito muito importante (embora comece a haver quem ponha reticências à sua omnipotência – como um Antonio-Carlos Pereira Menaut, ele próprio constitucionalista), mas não foge a uma determinação política. É claro que a política também decorre, em certa medida, da sensibilidade jurídica (sobretudo do mais inespecífico mas fortíssimo sentido de justiça) dos cidadãos. Todavia, se há revoluções, revoltas, levantamentos, *Jacqueries*, que são a explosão de gentes e povos submetidos, e espelham a sua vontade oprimida – a que se não pode negar a componente de luta pela Justiça e pelo Direito –, já o mais natural é serem as aspirações políticas muito concretas e ideologicamente determinadas desses movimentos a moldar o novo direito que sairá de uma nova ordem, caso sejam triunfantes. Em Portugal, por exemplo, todas as constituições escritas decorreram de movimentos revolucionários, que emergiram mais ou menos violentamente (e sempre ilegalmente à luz do direito estritamente positivo vigente), mas que depois se viram legitimados pelo ulterior discurso constitucional. Ou seja, foi a força normativa dos factos revolucionários que impôs, em cada momento, uma certa ideia de Direito, uma certa ideia das suas relações com a Política.

9.2. *Teorias sobre a Constituição*

Falamos de Constituição, mas utilizamos até aqui a nossa noção empírica, corrente, profana e de pré-compreensão do termo. A doutrina afadiga-se a estabelecer rigorosos conceitos de Constituição.

Da análise apenas das teorias sobre o que é a Constituição apenas na nossa doutrina portuguesa mais prestigiada e mais recente, cremos poderem retirar-se algumas conclusões.

Antes de mais, os estudiosos não falam bem todos da mesma coisa quando falam de Constituição. Se todos estarão de acordo em considerar Constituição o livro ou o diploma legal que lhe dá origem e que a Assembleia Constituinte aprovou, quanto ao mais há muitas divergências. E mesmo o valor dessa especial lei que é a Constituição diverge, de autor para autor: ainda que nem sempre seja muito clara a expressão de tal dissenso.

Há, na realidade, muitas visões ou teorias do que seja Constituição, e também há diversos sentidos ou acepções de Constituição. Tudo contribui para que o diálogo constitucional possa ser muito colorido e animado, plural.

9.3. *Doutrina Constitucional Portuguesa Contemporânea (1952-2005)*

Se analisarmos a evolução das teorias portuguesas, das portuguesas apenas (o que se diria das demais!) sobre a Constituição, apenas desde que Marcello Caetano publicou as suas lições, em 1952, detectamos não só um conjunto vário de posições, como um diálogo que vai provocando mudanças; progressos, a nosso ver.

A visão de Marcello Caetano (1952) considera a Constituição a lei fundamental do Estado, mas é já uma perspectiva normativa pluralista, com aberturas sociológicas e históricas, embora mais tarde (1977), o próprio autor pareça de algum modo recuar a uma perspectiva estadualista. Entretanto, já Rogério Ehrhardt Soares

(1972), propondo a Constituição como ordenação (e não já lei) fundamental do Estado, lhe reforça os aspectos garantísticos e abre para a consideração da comunidade política, cujos fins supremos são indicados pela Constituição. A abertura à ideia de comunidade estará também presente em Afonso Rodrigues Queiró (1976), que postula uma ligação normativa entre aquela e o Estado. Após o 25 de Abril de 1976, Gomes Canotilho (1977) divulga uma fórmula que teria uma enorme fortuna, até pelo seu sintetismo, e porque realmente espelha o carácter dúplice da Constituição: jurídico e político. Assim, a Constituição seria o "estatuto jurídico do político". Com clara inspiração politológica já, procurará Marcelo Rebelo se Sousa (1979) uma síntese definitória de Direito Constitucional em que tanto está presente o Estado como "o poder político a todos os níveis". Afastando-se do antigo organicismo que parecia reduzir o constitucional ao "sistema de órgãos do poder político", e numa clave humanista, Jorge Miranda (1981) reforça a importância das relações entre o poder e as pessoas, e acaba por equiparar Direito Constitucional com Direito Político, "no sentido de estatuto jurídico do político (e de quadro institucional da vida política)". Em 1983, quer este autor quer Rogério Ehrhardt Soares, em artigos na *Enciclopédia Pólis*, dão conta da evolução geral da doutrina, que conflui no reconhecimento do conceito histórico-universal de Constituição (sempre há uma constituição em qualquer sociedade política), e reconhece a constitucionalidade das leis fundamentais dos reinos, isto é, aceita que nem só o constitucionalismo moderno, racionalista, escrito e codificado tem Constituição. Em 1983, já Ehrardt Soares, aprofundando a linha de pensamento dos anos 70, se centra agora sobretudo na comunidade política, reforçando a ideia num texto notável, *O Conceito Ocidental de Constituição*, na "Revista de Legislação e Jurisprudência", no qual afirma: "Qualquer comunidade política supõe uma ordenação fundamental que a constitui e lhe dá sentido – possui uma Constituição." A qual, esclarece "dá corpo e autonomia (individualização) a tal comunidade", "indica o titular do poder", "exprime uma posição quanto à estrutura e sentido do corpo social, apontando valores irrecusáveis, para cujo serviço se constituem mecanismos de defesa mais ou menos elaborados, que pretendem compor as tensões internas".

A pós-modernidade chegava então até nós. Em 1991, Gomes Canotilho ensaia uma aproximação definitória às rupturas e pluralismos "débeis" do movimento, embora em paralelo com uma definição mais clássica, que, recordando o art.º 16.º da Declaração dos Direitos do Homem e do Cidadão francesa, lembra a tríade mítica dos requisitos do Constitucionalismo moderno: texto escrito, direitos fundamentais e separação de poderes.

Em 1999, Jorge Miranda voltará a fazer uma síntese, na Edição do Séc. XXI da Enciclopédia Verbo. De novo o Estado é visto duplamente, enquanto comunidade e enquanto poder, fala-se de normas mas também de disposições e princípios, e aí está presente a comunidade política. No ano anterior, Gomes Canotilho, significativamente num novo livro, *Direito Constitucional e Teoria da Constituição*, sublinha o carácter histórico e conotativo das definições, e prepara o caminho para uma superação do paradigma definitório, que é, realmente, próprio do positivismo. E em 2000 Jorge Miranda, numa nova edição do tomo II do seu *Manual de Direito Constitucional*, parece relativamente afastar-se também, embora a um propósito apenas vizinho, do referido paradigma definitório.

9.4. *Superação do paradigma definitório de Constituição*

Cremos estar de algum modo preparado o caminho para superarmos o paradigma definitório e passarmos a compreender a Constituição de uma forma ao mesmo tempo mais fragmentária (tópica) e mais de conjunto e de compreensão global (holística): independentemente de requisitos formais e fixos de uma definição, que é sempre uma ditadura subjectiva de um autor, mas atenta aos vários indícios dos lugares comuns; e capaz de entender em perspectiva o papel e o sentido do fenómeno constitucional no seu todo.

Do já referido (e do estudo de Direito Constitucional que esperamos ter incentivado com esta brevíssima panorâmica) já nos podemos aperceber do que seja a Constituição. Resultam do dito alguns tópicos que terão de ser todos recebidos: estatuto jurídico do político, organização da Comunidade política, organização do Estado, e, especificamente para o Constitucionalismo moderno: texto escrito, direitos fundamentais, separação de poderes, a que poderemos acrescentar muito provavelmente a soberania popular expressa pelo sufrágio. Fica também claro que o Constitucionalismo não nasceu com a Revolução ou a Independência americana nem com a Revolução Francesa, pelo que deveríamos investigar outros constitucionalismos para além daquele de que as nossas constituições são directas herdeiras. Esta agilidade e a sensibilidade para a fluidez e historicidade dos conceitos nos preparam para a aceitação de uma simples noção (tópica e holística) dialéctica de Constituição.

9.5. *Política e Direito nas Constituições concretas*

Sendo finalmente hoje muito mais pacífico na comunidade científica dos constitucionalistas que a Constituição é uma realidade universal no espaço e no tempo, fica aberta a porta para melhor se compreender que não equivale à materialização de qualquer arquétipo inteligível platónico, mas que corresponde, afinal, ao cruzamento, em cada tempo e lugar, das concepções políticas dominantes (eventualmente em compromisso entre si) e das concepções jurídicas prevalecentes.

Não há, assim, nenhuma constituição ideal, que sábios constituintes estivessem perscrutando nas suas reflexões e debates. Nem que constitucionalistas subtis viessem ainda interpretar, recolocando a verdade onde pudesse ter havido desvios da forma ideal. A Constituição é mais política do que parece. O que pode revelar-se muito incómodo, mas não deve ser sofismado.

9.6. *Constitucionalismo voluntarista e Constitucionalismo naturalista*

Poderemos encarar a dualidade das situações constitucionais utilizando diversos critérios. Ao constitucionalismo moderno, revolucionário, abstracto, racionalista, proclamatório, codificado, burguês (ainda que depois adaptado e evoluindo para formas sociais e até socializantes) se pode contrapor o constitucionalismo histórico, tradicional, organicista, concreto (preocupado com as liberdades efectivas de cada um, e não com as de todos – como diria o Marquês de Penalva), não codificado, e nalguns casos pouco ou nada escrito, próprio do mundo que a burguesia fez esquecer.

Seja como for, o primeiro dos constitucionalismos parte da crença no Homem e na sua capacidade de transformar a sociedade, é voluntarista; o segundo parece desconfiar da bondade humana, e trata de muito concretamente assegurar a cada um o que lhe pertence. Poderíamos sintetizar chamando ao constitucionalismo normalmente dito moderno constitucionalismo voluntarista, e a constitucionalismo vulgarmente dito tradicional ou histórico, constitucionalismo naturalista.

9.7. *Do Constitucionalismo voluntarista ou moderno*

O Constitucionalismo voluntarista vai buscar as suas raízes mais remotas à Magna Carta inglesa, mas sobretudo à Revolução Gloriosa, e, mais proximamente, à Independência dos Estados Unidos da América do Norte, e à Revolução Francesa.

Os seus grandes textos são conhecidos. Proclamam, afinal, a Liberdade, a Igualdade e a Fraternidade, ou afins, como grandes princípios, procuram avançar na linha do jusracionalismo das Luzes. Mas padecem do mesmo teoricismo e pendor oratório desse tempo de rapé e cabeleiras empoadas. Teoricismo generoso, porém.

As intenções e muitas fórmulas da *Déclaration des Droits de l'Homme et du Citoyen* são excelentes, mas o mesmo se não poderá dizer do *Terror*, que levou à guilhotina, além do Rei e da Rainha e de um cortejo de nobres, sem qualquer culpa que o terem "De" no nome, ainda revolucionários como o romântico Desmoulins, o sólido Danton, e o próprio obstinado e "incorruptível" Robespierre (as revoluções devoram os próprios filhos), e até cientistas inocentes como Lavoisier... Há marcos que se não olvidam.

Em todo o caso, importa não confundir nunca os ideais com a corrupção ou a traição dos mesmos; posto que alguns tragam no seu seio o germe da sua derrapagem... Inevitável? Quem sabe!?

Temos do Constitucionalismo voluntarista alguns legados que, pelo menos com as luzes do nosso entendimento actual, parecem perenes, como que daquelas aquisições do Direito Natural que, uma vez atingidas, são irreversíveis (proibição da escravatura, da tortura, do racismo, etc..): e eles são, curiosa, precisamente, os que mais claramente o definem, e de que já falámos – a redução da Constituição a um texto escrito, para que nos não olvidemos dela, nem o poder dela se esqueça (como justificava, com muito acerto, o nosso Almeida Garrett); o estabelecimento da separação de poderes (que vem sobretudo de Locke, no *Segundo Tratado do Governo Civil*, e é especialmente divulgado com Montesquieu no seu *Do Espírito das Leis*); e a garantia dos direitos fundamentais. Tudo "conquistas" liberais que os sucessivos "–ismos" deveriam reconhecer – salvo os totalitários, naturalmente.

9.8. *Relações entre os dois constitucionalismos*

Mercê de um persistente esquecimento, e decerto também do facto de ser um fenómeno muito menos globalizado, o constitucionalismo naturalista encontra-se muitíssimo menos estudado. Os traços que dele conseguimos reter são muito menos certos, muito menos delimitados.

Houve, evidentemente, uma qualquer forma de constitucionalismo naturalista em todos os lugares antes da implantação do constitucionalismo voluntarista, a qual, normalmente (e pensamos sobretudo na Europa com as suas extensões ultramarinas, como é óbvio), viria a triunfar após um período negro para a Liberdade: o despotismo esclarecido, forma de absolutismo pretensamente iluminado, mas que continua e aprofunda esse crescendo de instituição e consolidação do Estado que a Idade Moderna trouxe, firmada no "manual" do poder de Maquiavel, *O Príncipe*, e aprofundada pelo Cartilha de Hobbes, o *Leviatã*.

Em grande medida, o constitucionalismo voluntarista é uma resposta liberal ao absolutismo que então vigorava, e que entre nós atingiu a sua apoteose, no reinado de D. José, com o consulado do Marquês de Pombal. E não é de estranhar, assim, que um elo de união entre os dois constitucionalismos se estabeleça, pois ambos, cada qual à sua maneira – e pelo menos na pureza das intenções – são adversos ao puro arbítrio do "direito divino dos reis" e outras teorias da monarquia da tábua rasa. Entre nós, José Liberato Freire de Carvalho é um exemplo muito significativo de um liberal que clamava ao rei pelas Cortes velhas, alegadamente de forma hipócrita, e para que viessem as Cortes novas; mas a forma *a posteriori* como o faz (em *Memórias*) deixa-nos dúvidas se não eram mesmo as Cortes velhas que ele inicialmente queria, tendo as novas surgido pelo acelerar imparável da revolução – que nunca ninguém é capaz de controlar... E já citámos Garrett e a sua justificação prática para se reduzir a escrito a Constituição: uma constituição-memorando... Para que se não esqueça!...

Decisiva é a comparação entre os preâmbulos da primeira constituição escrita francesa, de 1791, da Constituição espanhola de 1812, dita de Cádiz, e da nossa primeira Constituição, de 1822: em todas se invoca, como legitimação do novo texto, a tarefa de recuperar velhos direitos e liberdades que teriam sido efectivos e se teriam "esquecido"... O constitucionalismo novo se liga, evidentemente, ao velho.

Quando o constitucionalismo moderno invoca a *Magna Carta*, acaba por fazer radicar o novo no velho. A *Magna Carta* parece ser muito mais fruto de uma certa forma de Constitucionalismo naturalista que de constitucionalismo voluntarista.

9.9. *Do Constitucionalismo Naturalista e especificamente do Hispânico e do Português*

Entretanto, tanto quanto as investigações até hoje permitem dizer, o constitucionalismo naturalista português revela-se muito interessante. E, ainda que assim não fosse, era necessário estudá-lo, porque nosso.

Uma primeira questão é a da originalidade do constitucionalismo português tradicional no contexto do sistema das velhas liberdades hispânicas em geral. Comungando do mesmo fundo de liberdades concretas, assinalam-se diferenças, que ainda não foram suficientemente estudadas. Porém, encontram-se entre o Lusitano, futuro português, e o Ibero, futuro espanhol, *latissimo sensu*, algumas diferenças, que antecipam já essa que, no dizer de Agostinho da Silva, foi a maior proeza dos portugueses: o terem-se mantido independentes. José Pedro Galvão de Sousa, aliás baseado em estudos anteriores, assim sintetiza, no seu *Política e Teoria do Estado*, São Paulo, Saraiva, 1957, pp. 25-26:

"Não nos devemos esquecer que o Lusitano foi sempre o homem de costumes simples, muito ligado à terra, explorando-a como património da família e constituindo em torno da comunidade agrária os seus primeiros núcleos de organização social. O Ibero do Planalto, pelo contrário, irrequieto, aventureiro, dominador, mostrou sempre o cunho individualista, visível até hoje nos seus descendentes castelhanos, cunho reforçado desde os primeiros tempos pelos costumes guerreiros. (...) O comunitarismo rural dos lusos prevalecera mesmo sob a dominação romana. Agora, a influência visigótica era menos pronunciada na orla ocidental da península. E por isso num regime de diferenciação de castas, o barão neo-gótico assumia a direcção da vida social, no Planalto; ao passo que, entre os lusitanos, em cada localidade os chefes de família, os homens bons dos concelhos tomavam sobre si as responsabilidades da chefia. Mais aristocrático, o município castelhano; mais democrático, o município português. Num, a figura dominante, altiva e belicosa do fidalgo; noutro, o grupo pacato e simples dos homens bons".

Esta síntese coordena-se com as investigações de um Jaime Cortesão sobre *Os Factores Democráticos na Formação de Portugal*, e com os rasgos inspirados de Agostinho da Silva e já Teixeira de Pascoaes sobre a originalidade do Direito Português, na sua *Arte de Ser Português*, explicitando o que já Antero esboçara para o génio juspolítico peninsular na sua *Causas da Decadência dos Povos Peninsulares*, e Oliveira Martins também entrevira na *História da Civilização Ibérica*, entre outros.

Podemos assim afirmar que o sistema de liberdades hispânico em que nos inserimos é assistemático, não codificado, e todavia dotado de unidade, centrado na pessoa e nos grupos primários, como a família, o município, o grupo profissional. Inspira-se sem dúvida no rigor do direito objectivo dos romanos, na piedade cristã, e tem como uma espécie de tirocínio de tolerância (mais: *convivência*) política e social (a partir da religiosa) a experiência de dupla jurisdição dos visigodos e depois o convívio fecundo entre muçulmanos, cristãos e judeus no Al-Andaluz. Como figura sintética deste mundo sobressai Isidoro de Sevilha. Trata-se de um direito de conteúdo prático, garantístico, ligado às pessoas e às suas coisas concretas, tangíveis. Os direitos versam sobre a sua casa, a sua honra, a sua vida, a sua integridade física, etc. Mas chegam a ter, no seu florescimento latino-americano, formas muito mais avançadas, e em épocas antigas: como as de proibição da discriminação racial (no Brasil), de protecção do consumidor (em Cuba), etc... E já na velha península o visitador dos cárceres tornava concreta uma revisão processual extraordinária, garantia para os condenados. São apenas exemplos, de entre muitos possíveis.

Especificamente em Portugal, pode afirmar-se que a monarquia tradicional, antes do maquiavelismo e de D. João II (antes do abandono de D. Fernando no norte de África, dizem outros) era sobretudo poder conjugado, em que valia eficazmente os princípios *rex eris si recte facias, si non facias non eris* e *regnum non est propter regem, sed rex propter regnum*, com grande importância do poder municipal, regalismo tendencial (e portanto afirmação da soberania), preocupação particular pela Pessoa, eticidade do jurídico e proverbial ponderação do judicial, aliás concorde com a brandura dos costumes. Não era uma vida política exacerbadamente politizada, mas natural e cívica. Em que o poder era, evidentemente, coisa de uns tantos, mas em que não cansava nem oprimia, o "suave jugo das leis", como viria a dizer um monarca. Até por que, em Cortes, e audiências, os estamentos e os próprios particulares faziam saber ao poder a sua opinião, e até com desenvolto desassombro.

Devemos apenas ter uma certa precaução face ao entusiasmo de alguns por liberdades míticas e longínquas quando tal possa representar um álibi contra liberdade(s) mais próxima(s) e concreta(s). É como o problema do Direito Natural e dos Direitos Humanos: são solidários, não oponentes. E quando o forem, alguma coisa está mal...

9.10. *Alguns conceitos operatórios*

Comprovada, por este excurso histórico-conceitual, a variabilidade das formas da Constituição, resta-nos recordar que para o rigor de conceitos, em Política, temos, não raro, de recorrer à doutrina constitucional.

Muita tinta e confusão se poupa se, bebendo nessas fontes, clarificarmos alguns conceitos.

Assim, e embora não desconheçamos que há algumas variantes de terminologia e dissensos entre os constitucionalistas, vale a pena fixar alguns sentidos.

Constituição em sentido material ou Constituição material é o mais importante de todos os conceitos. Ele corresponde à verdadeira, à efectiva, à real Constituição (que ora é vista em tons mais sociológicos, ora em tons mais "histórico-espirituais", ora em tons mais "ontológicos": conforme, precisamente, o que se considere mais real, mais efectivo, mais *material*). A Constituição material em cada sociedade concreta é que é a sua forma política essencial, a organização dessa comunidade, o seu *espírito* político.

Tal Constituição, que não é interpretável pela exegese pura e simples dos textos, mas implica uma sensibilidade política, uma identificação nacional, uma sintonia com o Povo, deveria, depois da prevenção de Garrett, ser plasmada no texto escrito, articulado, codificado que vem a ser a Constituição formal ou em sentido formal. O suporte material, livro, *disquette*, CD rom ou outro, em que a constituição formal se apresenta não deve confundir-se com ela, nem com a material, antes se deve designar por Constituição instrumental.

Nem sempre acontece que a Constituição material seja bem interpretada e plasmada na Constituição formal. E muitas das convulsões políticas e constitucionais decorrem do facto de não raro os constituintes (quer uma assembleia quer um autocrata, que outorgue ou faça plebiscitar o seu texto) se esquecerem da maneira de ser do Povo e da Nação, da sua tradição política, e até das suas aspirações, para amarrarem as gerações futuras a um programa colectivo ao arrepio da representação, da vontade e da essência do País a que se dirigem. Diz-se então que falta ao texto constitucional "força normativa", e que, encontrando-se a constituição formal em contradição com a constituição material, carece de legitimidade, e até há quem avance a ideia (sobretudo associada ao nome de Otto Bachof) de que as normas que na constituição formal contrariem as que a constituição material propugnaria ou admitiria, são verdadeiras *normas constitucionais inconstitucionais*. Semelhante inconstitucionalidade, diga-se num parêntesis, é também assacada por Juarez Freitas (*A Substancial Inconstitucionalidade da Lei Injusta*) a todas as normas injustas, mesmo as normas ordinárias.

A desconformidade com a Constituição, na própria Constituição formal, e nas normas ordinárias, implica a referida inconstitucionalidade, a qual pode ser orgânica, formal e material, conforme, *grossissimo modo*, haja desconformidade entre o órgão produtor da norma e o órgão competente, entre a modalidade normativa escolhida para a norma e a devida, e, sobretudo, entre o prescrito pela constituição material ou formal (consoante se aprecie a própria Constituição formal ou legislação de grau hierarquicamente inferior) e a norma em causa. A mais importante politicamente é a inconstitucionalidade material, e aquela que politicamente poderá originar maior polémica será, sem dúvida, a inconstitucionalidade de normas constitucionais. Porém, a invocação destes aspectos técnico-constitucionais não tem sido, em termos comparativos com outras querelas, muito frequente. E prefere-se normalmente remeter para a o debate político puro e simples, o que poderia ser discutido também juridicamente.

Exemplos claros foram os referendos nacionais sobre a regionalização e sobre o aborto. A primeira, apesar da imposição constitucional, não avançou. A pergunta sobre a regionalização em concreto matou o justíssimo ideal geral, que nem deveria ter sido questionado. O outro constituiu um exercício perigoso de interpretação pela via apenas formal (votação) de um outro direito constitucional, o direito à vida, misturado com uma questão de política criminal. São questões de novo em aberto, sendo a segunda, sobretudo, muito fracturante na sociedade portuguesa.

Na hierarquia das normas jurídicas, legado da pirâmide normativa de Kelsen a que não se consegue facilmente fugir, a Constituição está no topo. Todavia, qual Constituição? A formal ou a material? Tudo indicaria que a material. Mas há ainda a possibilidade de remeter para uma outra categoria, muito criticada, mas com algum sentido, desde que bem entendida: a ordem de valores. Realmente, a própria constituição material, sobretudo se não for entendida em termos excessivamente sócio-históricos, não deixa de ser reflexo de uma ordem de valores.

A questão é sobretudo complexa se começarmos a interpretar a Constituição formal com um naipe de trunfos mais ou menos falsos na manga: invocando ora a constituição material, ora a ordem de valores, ora até, eventualmente, o Direito Natural, para denegar valor a normas positivadas, quantas vezes claríssimas, ou para fazer prevalecer, em conflito de direitos ou deveres, este sobre aquele, de forma desmedida e claramente politizada, ideologizada.

O problema não nos parece resolver-se simplesmente com a negação da constituição material, da ordem de valores, do Direito Natural, numa posição estritamente positivista legalista. Há que interpretar as situações e as regras com uma visão segunda, matizada, subtil, sem cair em ingenuidades. Se é possível subverter a Constituição com apelo a tais instâncias, também é possível não a cumprir – e mesmo violar no que tem de mais profundo – se a uma ou a outra ou a todas, em certos casos, não fizermos apelo.

A angústia que se sente no plano político é que os juristas podem ter a tentação de dar soluções aparentemente técnicas a questões que são políticas. E a que os juristas deveriam sentir seria a inversa: por vezes, devolve-se ao oceano revolto de paixões da política o que a paciente *scientia iuridica* já tinha pacificado na teoria. O diálogo e a discussão não findam...

BIBLIOGRAFIA MÍNIMA:

Síntese: PAULO FERREIRA DA CUNHA, *Repensar a Política. Ciência & Ideologia*, Coimbra, Almedina, 2005, máx. pp. 205-210; *Idem, Teoria da Constituição*, vol. I, Lisboa / São Paulo, 2002, pp. 99 ss., máx. 99-127; 327-365, *et passim*

Aprofundamentos, outras perspectivas: ALEXANDER, LARRY (org.), *Constitutionalism. Philosophical Foundations*, Cambridge, Cambridge University Press, 1998, reimp. 2001;
BERNARDINO BRAVO LIRA, *Entre dos Constituciones. Historica y Escrita. Scheinkonstitutionalismus en España, Portugal y Hispanoamérica*, in "Quaderni Fiorentini per la Storia del Pensiero Giuridico Moderno", n.º 27, Florença, 1998, p. 151 ss. Idem, *Derechos Politicos y Civiles en España, Portugal y America Latina. Apuntes para una Historia por hacer*, in "Revista de Derecho Publico", n.º 39-40, Universidad de Chile, Chile, 1986
EDWARD S. CORWIN, *The 'Higher Law' Background of American Constitutional Law*, 13.ª impressão, Ithaca e Londres, Cornell University Press, 1988
CHARLES HOWARD MC ILWAIN, *Constitutionalism – ancient and modern*, revised ed., Ithaca, New York, Cornell Univ. Press, 1974

Capítulo 10. Povo, Nação, Estado, Supra Nacionalidade, Soberania e de outras formas políticas

10.1. *Dificuldades hodiernas de teorização*

Os problemas deste capítulo – que são mais problemas que depurados e resolvidos temas – encontram-se no presente em plena ebulição. Se até tarde, no século XX, se julgou ou se presumiu saber o que eram Povo, Nação, Estado, Soberania, etc., hoje ou se repete de forma psitacista a lição desfasada da véspera, ou então entra-se no mar sem pé das situações e das perspectivas novas, a reclamarem renovados conceitos. Que tardam em aparecer, aliás.

E o mais complexo é que, se já não é mais tempo para continuar na senda da Teoria do Estado e da Teoria das Relações Internacionais clássicas, também não parece ser ainda chegada a ocasião em que, com o templo teórico destruído, o possamos reerguer em três dias, e muito menos em três tempos.

A teorização sofre assim a angústia de ao mesmo tempo chegar tarde demais e ainda demasiado cedo.

O público em geral anda mais ou menos confundido com discursos de fim da soberania nacional, de federalismo europeu *vs.* não federalismo, e não raro parece que os mesmos actores políticos mudam na avaliação do que sucede. Uma das melhores formas de não entender nada do problema é dar ouvidos ao que por aí se diz...

10.2. *No princípio era a Soberania?*

A interligação entre os entes políticos, entre as sociedades políticas e entre as malhas de poder tem sido, ao longo da História, muito complexa. Como se entendia o Império Egípcio, face aos seus vizinhos? Ou o mundo chinês, do Império do Meio? Estamos em crer que mais do que soberania, era uma ideia de *autarkeia*, de princípio e fim do poder. O demais seria periferia, barbárie. Já com os Gregos e a cidade-estado vem a necessidade de articular a *pólis* com outras: seja com supremacia, seja com uma semi-vassalagem, como nas Ligas helénicas.

O Império Romano tem em si uma organização plural, nos diversos modos de relacionamento com os vários povos com que se relaciona. Não trata os Judeus como trata os Gauleses...

Por toda a história anterior, afigura-se-nos agora, com algum distanciamento, que o conceito de soberania, tal como foi cunhada por Jean Bodin, n'*Os Seis Livros da República*, é muito mais uma forma de organizar ideias dispersas, confusas, amalgamadas, do que realmente uma criação *ex novo* ou *ex nihilo*. Criação ditada, aliás, por circunstâncias políticas, como sempre acontece.

Bodin teoriza no turbilhão das guerras religiosas francesas do séc. XVI, que ali quebraram o que ainda restasse da unidade da *Respublica Christiana*, tornando em estilhaços a comunidade cristã que de algum modo ainda sonhava com o Império Romano na imagem do Papado. Esta fragmentarização de fidelidades religiosas e de escatologias políticas acontecia já um pouco por toda a Europa não hispânica, e, de par com a decadência do feudalismo (ele também feito de uma teia de poderes imbricados), e com a ascensão das ideias de autonomia (religiosa, ética, etc.) da política, propugnadas por Maquiavel, tornava o terreno fértil para algo de novo no plano do entendimento das sociedades políticas umas face às outras.

Bodin desenvolve assim uma teorização que, contrariando embora o secretário florentino no plano moral, todavia conflui com a sua obra na mesma senda de engrandecimento do Príncipe

Povo, Nação, Estado, Supra Nacionalidade, Soberania e de outras formas políticas   113

e do Estado. Mesmo eventualmente contra os propósitos do próprio Bodin. A soberania é então por ele concebida como o poder absoluto e perpétuo de uma sociedade política (a que ele chama, e bem, República), e não admite, à excepção de Deus, qualquer poder que lhe seja superior, seja no plano externo, seja no plano interno.

Doravante, os reis podiam tranquilamente invocar, ao menos no plano teórico, um poder inafastável, contra Papa ou Imperador, do lado de fora, e contra senhores feudais do lado de dentro dos seus domínios. Tão simples como isto.

10.3. *Estado e Soberania em tempos de Globalização*

É possível conceber outros princípios de actividade de uma comunidade política diversos do da soberania, assim como é possível pensar outra malha organizatória e de poder distinta do Estado. Embora o Estado seja, como afirmou Jacob Burkhardt, uma obra de arte, com uma capacidade de acção extraordinária, tornou-se em grande medida um Leviathã. Embora a soberania dos Estados os dote de meios de defesa e garantias de subsistência autónoma muito consideráveis, pode prejudicar-lhes o dinamismo e as relações com outras instâncias. Aliás, fala-se muito de perda de soberania quanto ao exterior, esquecendo-se que internamente (com presença diversa consoante os Estados), fenómenos como a federalização, a regionalização, o próprio poder local, além de partidos, grupos de pressão, sindicatos, poder económico empresarial, o poder religioso, e agora poder futebolístico, podem do mesmo modo cercear profundamente a soberania estadual.

A presença de Portugal na União Europeia subverteu já profundamente os conceitos clássicos de Estado e de Soberania. Há quem afirme que já existe uma federação, há quem o negue veementemente. A verdade é que o poder de Portugal é já, no mínimo, poder conjugado, e, na mais extrema hipótese, poder tutelado.

O problema não é só institucional (e jurídico). Depende em boa medida da capacidade política portuguesa o conseguir afirmar-se no novo espaço de intervenção, com regras novas. Não endossemos sempre as responsabilidades!

Como é habitual nestes casos, vamos mantendo os odres velhos das teorias: e continuamos a falar em soberania (continua na Constituição, apesar de tudo, logo no art. 1.º), e em Estado. A este fazem-se corresponder atributos simbólicos como armas ou brasões, bandeira e hino. Mas, significativamente, também outras instâncias os possuem: armas tem qualquer município, assim como Bandeira; hino tem a Europa (a União Europeia)...

Para alguns autores, a questão fica mais confusa ainda porque como que identificam Estado com toda ou quase toda a forma política, ou sociedade politicamente organizada. Pelo que placidamente aludem ao Estado Romano, ao Estado Chinês...

Ora, no rigor das coisas, e para que os conceitos possam ter ainda alguma operatividade, devemos restringir a qualificação de Estado às realidades organizatórias e de poder emergentes na Modernidade, com a separação teórica da Política, com a ascensão do capitalismo, com o engrandecimento do poder real (servido pelo centralismo e pela burocracia – e meios militares e financeiros crescentes), com o fim da unidade religiosa da Europa, e, assim, com o fim do sonho do Império e do predomínio espiritual-temporal do Papado.

Depois, é natural que dividamos o conceito em duas acepções fundamentais: a de Estado-comunidade (que passou a ser uma das fórmulas de considerar ou nomear os países....) e o Estado-aparelho (a máquina institucional que, no fundo, governa e administra).

Num mundo pouco complexo ainda como o de Jean Bodin, podia sonhar-se com um Estado soberano... Hoje, o problema está mais em encontrar quem realmente o seja, tanta a pulverização decisória, ou *pan-kracia*. Outros, porém, adeptos da teoria da conspiração, crêem que, na sombra, sábios perversos, cientistas loucos, capitalistas interesseiros, sectários esotéricos ou outros, não identificados, conduzem secretamente os destinos do Mundo.

Entre um mundo que se torna ingovernável pela multiplicidade dos centros de decisão, a utópica aspiração a um pretensa-

Povo, Nação, Estado, Supra Nacionalidade, Soberania e de outras formas políticas 115

mente racional governo mundial, e essa teoria da manipulação oculta do poder, se jogam as incógnitas da soberania doravante globalizada...

Quanto aos requisitos clássicos para haver Estado, eles podem consultar-se em qualquer manual: classicamente, a Teoria Geral do Estado (por exemplo, a do célebre G. Jellinek) falava em território, população ou povo e poder (político). Temos as maiores dúvidas é se esses elementos, sem muitas reviravoltas no prisma por que são encarados, significam ainda alguma coisa, e se têm ainda alguma utilidade para a compreensão do mundo em que vivemos.

10.4. *Povo e Nação*

O que plenamente continua a fazer sentido, e contra muitas previsões e expectativas, são as ideias de Povo e de Nação. Dir--se-ia que o que teria longevidade e fortuna seria o Estado, cria-ção racional, "artística" mesmo, e não essas realidades mais ou menos telúricas ou anímicas (e para alguns, de todo o modo, pouco racionais). Mas não. Irracional ou não, o Homem continua a mover-se por esses paradigmas: a viver por eles, e, mais ainda – o que no séc. XX já parecia de todo incompreensível – a morrer por eles. Leia-se: a dar a vida por eles.

Nunca se proclamou tão alto a racionalidade, a globalização, a cosmopolitização, e nunca também soubemos de tantos e tantos conflitos com base em Povos e Nações. Povos e Nações que não querem perecer. É que se trata de uma luta pela sobrevivência. E ao contrário do que alguns pensavam e alguns ainda pensam, o Homem não é um átomo isolado, e está vinculado a círculos de pertença que ainda comportam (e dizemos ainda por mera precau-ção) a dimensão do Povo e da Nação. Cremos que será muito difícil que o Homem normal, o Homem comum, se venha a desem-baraçar desse lastro...

Afadigam-se os cosmopolitas desenraizados em estigmatizar a Nação como coisa romântica de pouco mais de duzentos anos...

Mas erram. Por todo o lado se erguem hinos e bandeiras que não querem morrer... e que alegam ancestralíssimas identidades.

Mas passemos aos conceitos.

É mais ou menos arbitrária a forma como se emprega a palavra "povo" na comunicação social, a que não estaria errado voltar a chamar "comunicação de massa(s)". Independentemente de qualquer mística hiper-nacionalista de um qualquer pretenso *Volksgeist*, ou espírito do povo, teorização que nada tem a ver com a essência do problema em apreço, a verdade é que o Povo, o povo autêntico, não se confunde nem com a população, nem com massa, nem com a plebe, nem, evidentemente, com o proletariado. E também não é idêntico à Nação.

A população é apenas o conjunto de pessoas que habitam um território, seja ele qual for, tenham ou não laços entre si. É um simples conceito demográfico ou estatístico. Por isso é que falar, por exemplo, em promoção da "qualidade de vida das populações do interior, ou da raia" pode soar a algo depreciativo. Não é mais nobre falar-se em *gentes* do interior ou da raia? E seria mais literário, além do mais...

Se o significado de população é ainda perfeitamente manejável numa sociedade política respirável e urbana, na medida em que designe estritamente o que deve designar, já uma sociedade de massas, e em especial essa sociedade técnica de massas retratada no já clássico *Direito Público e Sociedade Técnica*, de Rogério Ehrhardt Soares, coloca muitos problemas. Uma concepção atomista, individualista, no fundo nominalista, de sociedade leva a que, por um paradoxo frequente, os átomos sejam seres sem rosto, e a personalidade niilizada. A sociedade dos sócios enquistados em si próprios cedo dá lugar, na teoria e na prática, a uma monstruosidade social anónima, em que um único actor se encontra em cena: a massa, amorfa, irracional...

Falar em massas populares é, assim, uma *contradictio in terminis*: porque as massas não são povo, são a negação do povo. Mas quando se alude a massas populares, a menos que se trate de uma improvável distracção, já normalmente se está nesse abismo

Povo, Nação, Estado, Supra Nacionalidade, Soberania e de outras formas políticas 117

sem fundo da massificação, destruidora da pessoa. E então quer-se designar, realmente, e apenas, a massa.

Sendo a massa distinta do povo por dispersão e falta de um sentido e de um norte, a plebe é apenas um estrato de uma população cujo grau de degradação espiritual e moral chegou tão baixo que está no fio da navalha do crime, do vício, de todas as corrupções. A plebe não se identifica com o plebeu, que foi, no seu tempo, apenas o que não era nobre. A plebe é um estrato social degenerescente que aflige as sociedades, sobretudo pelo seu amoralismo. A plebe, mais que pérfida, é alheia aos valores. Deve em grande medida englobar-se na plebe, assim, aquela camada de aristocracia e burguesia decadentes que resvalou para todo o tipo de comportamentos associais. E é obviamente sintoma de dominação da plebe, e dos seus anti-valores, todo um conjunto de subprodutos de comunicação, espectáculos, música, e especialmente programas de massas que cultivam o escândalo, o sensacionalismo, e a ausência de qualquer apelo ao pensamento e até à simples linguagem articulada. A plebe e o plebeísmo são fenómenos actuais, e muito mais perigosos que as invasões bárbaras. António Sérgio estaria de acordo connosco, ele que via na educação um esteio da segurança nacional, mais importante que fazer frente a uma invasão estrangeira.

O proletariado comporta, classicamente, um estrato superior (e normalmente considerado pelos marxistas-leninistas potencialmente traidor de classe), o "proletariado aristocrático", e um estrato que se confunde com uma modalidade da plebe, o chamado *Lumpenproletariat*, considerado normalmente como excessivamente decaído para poder ter consciência de classe. Sem adjectivos, designa o operariado, os trabalhadores manuais industriais. As revoluções tecnológicas que se sucederam ao mundo que Marx viveu tornaram este grupo social num círculo muito menos mítico e salvífico do que se poderia pensar no séc. XIX. Não só a cultura empresarial da indústria nem sempre se revelou a mais correspondente com as narrativas épicas dos heróis operários, como o seu número decaiu. A prática do marxismo-leninismo em muitos casos avançou com uma aliança histórica com o campesinato, alargou a base de apoio revolucionária a soldados, marinheiros ("povo em armas"), e veio em certos casos a ceder até a pequenos e até médios "exploradores da mais-valia", e, obviamente, a intelectuais "progressistas". O proletariado é, assim, um estrato social a quem se deu um papel messiânico mas que não se encontra mais em situação de o desempenhar. A menos que se redefina o que vem a ser proletário.

Curiosamente, durante o debate na Assembleia Constituinte que elaborou a nossa Constituição de 1976, surgiriam discussões ideológicas muito interessantes a propósito do que seria um "trabalhador". Já então, mesmo com toda a carga ideológica que pairava, não houvera coragem para utilizar com foros jurídicos a expressão "proletário" sem mais.

Parece que já vimos o que o Povo não é. O que vem a ser então Povo?

O conceito de Povo é fluido, mas compreende-se melhor à luz do de Nação. Se (além das confusões já mencionadas) para alguns Povo se identifica com eleitorado (no que seria quase sinónimo de população, não votando os emigrantes), e se outros o qualificam ideologicamente (*povo de direita*, *povo de esquerda*), o Povo, realmente, pode transcender os limites territoriais de um Estado ou região em que se encontre sediado (embora possa não ter propriamente uma unidade política que consigo se identifique). O Povo português são os Portugueses, e não se encontram só em Portugal, mas em todos os lugares da "diáspora". O Povo judaico são os judeus, o Povo palestiniano são os palestinianos. Mas – perguntar-se-á – existiu um povo soviético (na antiga URSS), ou apenas um povo russo, um povo ucraniano, um povo da Letónia, Estónia, Lituânia, etc.? Sendo a URSS um Estado pluri-nacional, naturalmente que nele conviviam diversos povos. Haveria, então, uma nação soviética? Isso já é outro problema... Terá conseguido o Estado soviético criar a nação? Cremos que não, até pela desagregação ulterior desse mesmo Estado. E o que se passa com Espanha, por exemplo? Há um Povo espanhol? E nações ou povos

Povo, Nação, Estado, Supra Nacionalidade, Soberania e de outras formas políticas 119

basco, catalão, galego, etc.? Não será antes o contrário? Uma nação espanhola e povos basco, catalão, etc.? Inclinamo-nos para esta última solução, o que não quer dizer que um povo não possa um dia ascender à categoria de Nação. Um hino guerreiro independentista irlandês tem como refrão *A Nation once again...* Parece que o Povo irlandês, repartido hoje por dois Estados (afora o emigrado), ascendeu "de novo" ao estádio de Nação, e depois, *et pour cause*, teria ascendido a um Estado independente.

Na lógica estadualista clássica, poderíamos quase dizer que os estádios seriam: primeiro um povo, uma comunidade de pessoas com características afins, história comum, parentesco mais próximo, factores étnicos, linguísticos, culturais comuns; depois, uma Nação, que é já um estádio de consciencialização muito profunda dessa identidade; e finalmente o Estado-Nação, uma organização de poder político, dotada de soberania, que num território próprio faz viver o povo.

Importa fazer uma precisão, porém: talvez não seja necessário que a forma política a encontrar seja mesmo a do Estado--Nação. A *Pólis-Nação* também poderá servir, e talvez menos "totalitariamente", mais humanamente – para seguir uma inspiração que colhemos em François Vallançon, *O Estado ou a Odisseia*, in *Teoria do Estado Contemporâneo*. O que em todo caso ocorre todos os dias é a auto-afirmação dos Estados, que proclamam a sua independência política, ao mesmo tempo que a evidência económica e cultural é a da interdependência. Mas, seja como for, a ideia de que os Povos se organizam em Nações (se transcendem em Nações, porque as Nações também têm uma dimensão mítica, escatológica até), quando chega a hora, e estas buscam uma forma de organização política que as exprima no cenário inter-nacional, parece a melhor síntese da confusão em que a matéria anda envolvida. Num artigo sobre *Nação*, na *Enciclopédia Pólis*, Adriano Moreira sintetiza muito claramente o estado da questão, inventariando vários usos complexos e alguns confusos, e assinalando que a frequente sinonímia ou quase sinonímia entre "povo" e "nação" se encontra ligada à historicidade das "fidelidades" envolvidas. E apresenta o exemplo de Shafer, segundo o qual, na Idade Média, se era antes de mais cristão, depois burguinhão, e finalmente francês, sendo certamente hoje totalmente diferente a ordem ou o sentido da actual hierarquia de pertenças.

10.5. *Supranacionalidades*

No actual estado de coisas, e sabendo nós que povos, nações e estados, se fazem e desfazem, embora uns sejam efémeros, e outros (como o judaico, desde logo) se obstinem em perdurar mesmo perante a mais fera adversidade, não custará aceitar que fórmulas de estados multinacionais sejam viáveis, e outras, que o pareciam ser, se revelem afinal de curta duração. E o mesmo se diga para várias arquitecturas políticas internacionais ou interestaduais. Há hoje múltiplos balões de ensaio do Estado Mundial, e todavia não parece que muitos povos, nações e estados estejam dispostos a abdicar dos seus poderes e das suas identidades. Há hoje múltiplas instâncias interestaduais ou intergovernamentais que funcionam perfeitamente, no limite das suas competências especializadas, sem colidirem com as bandeiras dos Estados. E as múltiplas ONG's (organizações não governamentais) são, em muitos casos, internacionais, e funcionam também normalmente bem, num mundo em que os actores no tablado do globo se pulverizam.

No domínio do que, por uso e comodidade, pode chamar--se supranacionalidade (embora mais rigorosamente devesse dizer-se no plural, supranacionalidades), haverá a distinguir vários níveis.

Um primeiro nível, que aliás reforça a ideia da universalidade do governo, é o das formas de intergovernamentalidade: em relações mais ou menos sinalagmáticas (e algumas meramente platónicas, como declarações de boas intenções), os governos entre si estabelecem formas de cooperação no seu interesse recíproco. Desde um tratado cultural a uma confederação, passando por uma aliança, temos aqui já vários níveis de comprometimento, sempre numa perspectiva de manutenção da "soberania", na verdade *autonomia* ou *identidade*.

Num segundo nível, a clássica soberania é realmente posta em causa, quando se instituem fórmulas federais de governo: aí ela passa a ser partilhada entre o todo e a parte, ou o governo do todo e o governo da parte.

Num terceiro nível, ainda hipotético e utópico, um estado mundial, um império certamente, absorveria todos os governos estaduais nacionais, multinacionais, todas as instâncias supranacionais criando teoricamente a paz internacional, e instituindo, sem dúvida, a guerra civil mundial – ou, pelo menos, a resistência mundial. Uma interessante prefiguração dessa utopia que alguns pretendem paraíso pode ler-se com prazer e proveito no álbum de banda desenhada de Edgar P. Jacobs, *A Armadilha Diabólica*.

A fórmula supranacional da ONU encontra-se presentemente posta à prova pelo desaparecimento do equilíbrio entre duas superpotências, que tinha sido o cenário político internacional para que tinha sido pensada. Também o alargamento da União Europeia a Leste vem trazer novos desafios muito complexos. E Portugal, parente pobre e fragilizado (embora não em si mesmo fraco) desse vasto clube, terá pela frente novos reptos.

Uma Constituição Europeia de tipo voluntarista é também um grande e complexo desafio e um enorme salto qualitativo nas relações inter-nacionais e supra-nacionais na Europa.

BIBLIOGRAFIA MÍNIMA

PAULO FERREIRA DA CUNHA (Org.), *Teoria do Estado Contemporâneo*, Lisboa /São Paulo, Verbo, 2003

Idem, A Revolução Constitucional Europeia – Reflexões sobre a Génese, Sentido Histórico e Contexto Jurídico de um Novo Paradigma Justificativo, in *Colóquio Ibérico: Constituição Europeia. Homenagem ao Doutor Lucas Pires*, Coimbra, Coimbra Editora/Universidade de Coimbra, Março 2005, pp. 275-323

Idem, *Lusofilias. Identidade Portuguesa e Relações Internacionais*, Porto, Caixotim, 2005

ADRIANO MOREIRA, *Teoria das Relações Internacionais*, Coimbra, Almedina, 1996, 4.ª ed., 2003

Capítulo 11. **Formas de Governo**

11.1. *Palavras do Poder e do Governar*

Voltemos às palavras e às etimologias. Seguindo o fecundíssimo Isidoro de Sevilha, e as suas *Etimologias*, ao contrário do que sucede com os filólogos, interessam-nos mais as etimologias culturalizadas e simbólicas do que as da história da língua, muito rigorosas. No *Prometeu Agrilhoado*, de Ésquilo, o titã que roubou o fogo sagrado do Olimpo é encadeado por dois conceitos personificados: *kratos* e *bías*, o poder e a força. Na verdade, *kratos* significa também "força", mas sobretudo indica a "superioridade". Significativamente, por exemplo, a superioridade do orador numa assembleia. Pelo que, bem vistas as coisas, *kratos*, mais que *potestas*, acaba por se assemelhar, pelo menos nesta medida, à *auctoritas*. E *bías* corresponderá à *potestas*. Aliás, *kraterós*, derivado de *kratos*, sublinha que este poder é "sem igual", "ímpar".

Aparentado com *kratos* está o verbo *kratein*. É esse verbo que traduziríamos por "reinar" ou "governar". Mas, em Homero, significa ainda tão só "fazer", "executar", "realizar". Contudo, uma outra fonte etimológica nos esclarece ainda mais: *kratein* é "dar a cabeça a algo" – e frequentemente "jogar a cabeça", dicidir, assim, com autoridade suprema (Homero, *Odisseia*, VIII, 390; Ésquilo, *Agamémnon*, V, 369), executar o decidido, ou fazer com que se execute, e responder por isso com a cabeça: com a vida ou com a honra, que a cabeça simboliza.

Deve notar-se ainda que, se *kratein* é governar, o julgar é-lhe vizinho: *krinein*. Já a questão da lei, que na Grécia clássica remete para uma ordem natural, *nomos*, não parece ser, realmente, concebida como uma questão de governação...

11.2. *O que é governar?*

Entretanto, no Reino Unido de hoje, o Reino Unido que – insistimos – para alguns nunca foi um Estado, continua a considerar-se *government* o conjunto de todos os poderes. Blackstone teorizara-o no séc. XVIII, mas pensa-se assim de há muito: *government* é o conjunto da coroa, parlamento e tribunais...

Ou seja: governar é mandar, é decidir de uma linha de rumo política (não é simplesmente gerir a crise, fazer navegação de cabotagem), e ser responsável por ela.

Por outro lado, verifica-se que, em sentido lato, todos os poderes (do Estado ou não) de alguma forma governam, e há mesmo quem considere que governa – ainda que indirectamente – o "bloco no poder" (Nicos Poulantzas) ou a classe política potencial, o círculo em que se recrutam efectivamente os governantes, no fundo a elite potencialmente ministeriável (Gaetano Mosca). Entre nós, é sempre muito salutar percorrer as páginas do *Quem Governa?*, de António Marques Bessa.

Também se coloca o problema de serem "governo" tanto os monarcas em monarquia constitucional, como os Presidentes em parlamentarismo ou mesmo em semi-presidencialismo, assim como os governantes de segundo grau (vice-ministros, secretários e sub-secretários de Estado nos países em que cuja nomeação, podendo ser de um chefe de governo, em grande medida depende dos respectivos ministros). "O rei reina, mas não governa" – bela frase, que Eça de Queiroz retomaria, mas que espelha perfeitamente a situação tanto do rei constitucional como do presidente numa situação de puro parlamentarismo. Quanto aos demais, governam, na medida da sua intervenção no executivo – no *poder* e na *função*, mais que no órgão.

Em sentido estrito, assim, o critério da governação é essencialmente o do poder executivo, o qual, nos nossos dias, obviamente em grande medida implica uma quota-parte de poder legislativo.

Afinal, chegámos onde qualquer pessoa minimamente informada chegaria: *o Governo não é senão o Governo...* Agora, se governa ou apenas gere, isso é outro problema. Carlos Eduardo Soveral chamou a atenção, em *A Nostalgia de Hesíodo*, para o facto de, na sociedade burguesa, os governos serem cada vez mais conselhos de administração dos negócios dessa mesma classe: esquecendo a política, e pautando-se pela febre da Economia.

Numa perspectiva política muito diferente, e não há muitos anos, Miguel Serras Pereira põe o dedo na ferida num sentido idêntico:

"(...) a racionalidade económica foi a droga do século; o Estado, ele próprio drogado, o rei dos narco-traficantes, e a acção produtiva, com as respectivas funções dependentes e anexas, a materialização de uma consequente lógica delirante" (*Exercícios de Cidadania*, p. 45).

No final desta primeira reflexão, importa não deixarmos de ter presente que se o Governo deve ser entendido, em sentido estrito, sobretudo como o órgão que assume a cabeça do mando, identificável, sobretudo, com esse executivo também legiferente em que se foi transformando, não há dúvida de que a questão das formas de governo engloba não apenas o problema da tipologia de tais órgãos, como toda a problemática do sistema de órgãos em geral encarregados de governar, entendido agora o governar em sentido lato.

11.3. *Critérios e Classificações Clássicas. De Aristóteles a Montesquieu*

Como com todas as coisas submetidas ao olhar catalogador do Homem, os governos são susceptíveis de classificações muito diversas, consoante os critérios previamente escolhidos. E como os critérios não são inócuos, analisar os critérios também se imporia... Já Aristóteles, na sua *Política*, nos precavia para o problema dos critérios e dos seus pressupostos.

É sempre fundamental ter bem presentes os critérios clássicos. O do Estagirita é o do número e da justiça.

Com efeito, na *Política*, III, 7, quanto ao número, as sociedades políticas dividem-se em três tipos: monarquia (em que há um só governante), aristocracia (em que o governo é de vários – os melhores – sendo *aristoi* o fio da espada), e *politeia* (em que muitos governam com vista à utilidade pública). E Aristóteles recorda que o termo *politeia* é ainda usado como termo comum a todas as sociedades políticas. Frequentemente o termo *politeia* é traduzido por República (como para o título da obra de Platão). Mas há também quem o traduza por democracia, ou mesmo (Pierre Pelegrin) por "governo constitucional" – numa versão realmente muito "actualista".

A estas formas puras se contrapõem as corruptas ou degeneradas (aqui intervirá o critério da justiça). Na verdade, cada uma tem em si o germe da sua própria destruição, do seu afastamento de uma justiça, porque, em abstracto, todas as formas puras são justas, desde que adequadas às sociedades políticas em que se apliquem. Ora, neste ciclo de decadência, a monarquia pode degenerar em tirania (num sentido de perversão que já não tem a ver com o sentido original da palavra, como vimos já), governo de autocrata ou ditador; a aristocracia degradar-se em oligarquia, governo de um grupo dominante que o faz em proveito próprio (Aristóteles avança o exemplo dos ricos – sendo, assim, tal oligarquia mais propriamente uma plutocracia, ou, mais propriamente, uma timocracia; oligarquia é ainda, *v.g*, a gerontocracia, governo dos anciãos, etc.); e a república corromper-se em democracia, governo dos pobres e pouco afortunados, tiranizando os demais.

Há contudo correcções ulteriores desta tabela de degeneração.

A monarquia continua sempre a degenerar em tirania, e a aristocracia em oligarquia. Mas há quem substitua a república por democracia (governo do povo), e considere que a sua corrupção é ou a demagogia (governo da ilusão popular, dos vendedores de sonhos, dos populistas), ou a anarquia (tida no seu sentido pejorativo e negativo, como a ausência de governo, o cair do governo na rua, a desordem; também há um sentido idealista e positivo de anarquia, como auto-governo, meio angélico meio autogestionário...). Evidentemente que parte destas divergências decorrem, por um lado, das dificuldades e dissensos quanto à tradução de *politeia*, e, por outro, pelo facto de a palavra *democracia* se ter nobilitado entretanto, sendo complicado e delicado considerá-la modalidade de governo corrupta...

Uma das formas de obviar à corrupção das formas puras é o governo misto: uma combinação de todas elas, mutuamente se corrigindo e moderando. Tal é a tese de Aristóteles, e de uma plêiade de autores, como Políbio, Cícero, ou Tomás de Aquino...

A classificação aristotélica tripartida teve enorme fortuna. Como impressiva excepção, refira-se que não é um critério essencial em Maquiavel, o qual dá início a toda uma outra família política, e lhe prefere o dualismo república/principado, em que depois estabelecerá subdivisões. Mas, por exemplo, aquela classificação é retomada por homens do vulto de um Montesquieu que, n'*O Espírito das Leis*, I, 2, e como que fazendo já uma síntese, assinala como formas de governo o republicano (democrático ou aristocrático, consoante governe o povo ou uma parte dele), o monárquico e o despótico. O princípio dos governos democráticos deveria ser a virtude, o dos aristocráticos a moderação, o dos monárquicos a honra, e o dos despóticos o medo.

11.4. *Classificações formalistas das Formas de Governo*

Se as classificações das formas de governo destes autores clássicos são sobretudo substanciais, *i.e.*, se procuram ir ao fundo e aos sentido último das coisas, já muitas das classificações hodiernamente correntes procuram sobretudo critérios formais de classificação, ou seja, analisam as formas de governo.

Quando dividimos as formas de governo em monarquias e repúblicas (conforme o chefe do Estado seja vitalício e hereditário ou temporário e electivo), ou em presidencialismos e parlamentarismos (conforme o governo seja presidido e integrando o próprio Presidente, ou o Presidente tenha funções mais honoríficas e representativas, existindo um chefe do governo, presidente do governo, chanceler, ou primeiro-ministro com poder significativo), estamos sem dúvida a dizer muito da política de um país, mas não classificamos esse país segundo "a justiça"... As mesmas fórmulas políticas podem encerrar tipos de política muito diversos.

11.5. *Formalização das Ciências Sociais em Geral*

As ciências sociais em geral perderam – em grande medida por um preconceito de cientismo – a coragem de colocar nomes às coisas, sobretudo quando tal equivale a entrar em polémica. Para não incorrerem num vício de sectarismo, ideologização, etc., asseptizaram-se ao ponto de, se tivessem que definir uma rosa, se lhe esqueceriam desde logo da beleza, se não mesmo do perfume, e, quem sabe, também dos espinhos (para glosar um mote de Michel Villey). Mas, na verdade, ninguém pode definir um tigre sem lhe detectar o carácter feroz. Um tigre não é um felino ronronante! Também sucede algo de análogo no domínio da Política, e não em pequena medida: da essência da ditadura ser negativa, ser perversa, ou pelo menos extraordinária. Esquecê-lo é não compreender o que é a ditadura, nem querer fazer entender o que seja. Raymond Aron foi um dos que viu claramente a necessidade de não termos medo dessas classificações. Mas a angústia com a objectividade nas Ciências Sociais perpassa trabalhos de muitos autores, em que se destacam o clássico Max Weber (*Politik als Beruf, Wissenschaft als Beruf*) e, mais tarde, Gunnar Myrdal (prémio Nobel da Economia).

É uma preocupação que obviamente se deve ter, mas, por vezes, a obsessão da "castidade metódica" (a expressão é de Vieira de Andrade) impede a fecundidade e até a própria objectividade da teoria.

11.6. *Formas de Governo e Ideologias*

Classificações mais substanciais que as da simples repartição de poderes e órgãos são as que dos critérios orgânicos e de funcionamento das instituições retiram (até pelas próprias declarações dos governantes, políticos, politólogos, comentadores...) conclusões mais ideológicas, ou ideológico-institucionais. Assim, o operador "formas de governo" parece cruzar-se com o operador "ideologias".

Nesta perspectiva, não há dúvida de que a democracia representativa (de inspiração histórica liberal-democrática) se opõe tanto a formas explícita e nominalmente não democráticas de governação como à chamada "democracia popular" (de inspiração marxista-leninista) e ainda à "democracia de base" (com laivos de anarquismo e populismo, ou com legado autogestionário). Os governos de convenção (desde a Revolução Francesa), em que o executivo se dilui, e na verdade o "governo" é minimizado (na prática assumido pelo *Comité du salut public* em França) redunda, por exemplo, no enorme governo de técnicos da ex-URSS, subordinado ao comité central do partido, por sua vez subordinado ao secretariado do comité central, por seu turno dependente afinal do secretário-geral. E eis que o governo de assembleia se transforma no governo de um só.

11.7. *Globalização da democracia liberal*

A globalização das formas políticas é um facto. Freitas do Amaral, no artigo *Estado* da *Enciclopédia Pólis*, chamava pioneiramente a atenção para o tempo em que vivemos ser o de um pan-constitucionalismo, que daria lugar a um – meramente formal – Estado constitucional, em que se enquadrariam os vários subtipos de Estado da segunda metade do séc. XX, embora divididos entre si por radicais antagonismos de fundo. Sob a aparência desta unanimidade formal na utilização do instrumento formal e instrumental "constituição", se escondem divergências e diferenças de fundo. Mas a expansão da forma, e o inevitável fascínio da civilização euro-americana (no que tem excelente e no que tem de péssimo também) sobre o mundo, sobretudo mais carenciado materialmente, estão também a produzir efeitos de fundo. Em muitos casos são efeitos semânticos ou nominais apenas: como quando todos ou quase todos os Estados afirmam prezar os "direitos humanos". Mas, noutros casos, a aculturação vai-se verificando efectivamente.

No terreno juspolítico ela afirma-se cada vez mais, ainda que por vezes ainda apenas enquanto oposição, ou mesmo resistência, no domínio da luta pelos direitos humanos (no fundo, o mínimo denominador comum e a linguagem da Justiça e do Direito Natural para a política dos nossos dias), e, num patamar mais difícil, mas também almejado já muito frequentemente, no plano da reivindicação de uma forma política demo-liberal. Numa palavra, direitos humanos e democracia propagam-se, ao menos como ideal, pelo Mundo. Nem sempre o Ocidente delas dá o melhor testemunho, mas ainda assim os direitos humanos são, para muitos, o melhor dos mundos possíveis.

11.8. *Excelência e Crise da Democracia Liberal*

O facto de no seio do sistema geral euro-americano da democracia liberal poderem florescer um sem-número de grupos legais (desde logo partidos), e até grupos que assumidamente pretendem o fim de tal *statu quo*, dota esta fórmula política não só de uma grandeza ética como de uma força prática que desarma os próprios oponentes. Os perigos que poderiam advir para a liberdade dos inimigos da liberdade são ultrapassados por essa magnanimidade de quem se crê tão sólido nas suas razões que não teme a legal propaganda dos seus contraditores. Tocqueville, na *Democracia na América*, vol. II, III, 23, explica como, a partir do estabelecimento da democracia, as revoluções se tornarão raras. Assim parece.

Formas de Governo 131

O que, todavia, é nocivo à democracia liberal é outro conjunto de problemas. É, por um lado, a auto-satisfação de quem julga ter atingido o *fim da História* (Francis Fukuyama), a sociedade perfeita, ou, ao menos, a melhor possível. É a avalanche do pensamento único e do politicamente correcto, que nos encaminha para o perigo de virmos a ser indivíduos tirados a fotocópia (ou, pior ainda, clonados). Estamos muitas vezes perante um sistema de pensamento (verdadeiramente uma *machine à penser*) completamente preconceituoso: ainda que, não raro, preconceituoso "ao contrário" dos preconceitos tradicionais – e por isso aparentando não o ser. E finalmente, e talvez na base de todos os problemas, a democracia liberal está corroída por uma demissão quanto aos valores e quanto à educação.

O que está a minar não só a democracia liberal como as próprias repúblicas é o hálito tenebroso do Nada: a ideologia niilista, relativista, indiferentista, e abstencionista, militantemente abstencionista, que impõe ao bem que se retire e deixe o mal actuar livremente em nome da neutralidade do Estado, da tolerância, ou, simplesmente, do bom tom intelectualista. A este propósito, com a devida vénia, valerá a pena meditarmos sobre as palavras de José Carlos Espada, no seu *A Tradição da Liberdade*, pp. 36-37:

> "Instalou-se a ideia de que, num regime liberal democrático, tudo é matéria de escolha pessoal, incluindo as regras de conduta. E instalou-se a ideia de que o conteúdo das escolhas é arbitrário, ou seja: todas as escolhas são equivalentes, tudo e o seu contrário devem ser igualmente aceites como válidos.
>
> Não posso discutir aqui a origem intelectual deste ponto de vista relativista (...)
>
> Mas aquilo que deu a este ponto de vista a credibilidade que nunca tinha tido foi o chamado 'liberalismo académico norte-americano': uma corrente intelectual – representada por Rawls, Dworkin, Rorty e tantos outros – que proclama a 'neutralidade face às concepções do bem' (...)

A doutrina da 'neutralidade' está a impor às instituições demoliberais um silêncio absoluto, uma passividade cúmplice, perante a escalada de comportamentos desviantes que, se não forem contrariados, acabarão por virar as populações contra a democracia liberal."

E o autor continua, explicitando que tais comportamentos chegam hoje aos mais recônditos lugares graças à televisão, que está dominada pela ideologia niilista, propagadora de uma mensagem: "sexo, violência, relativismo e desespero". Bem poderíamos chamar-lhe os quatro cavaleiros do novo Apocalipse.

De facto, como aliás este autor defende, os liberais tradicionais ficariam apavorados perante as interpretações hodiernas do liberalismo, especialmente as que o identificam ou consideram compatível com a ideia de que não existe uma verdade, e que tudo, afinal, é fungível, equivalente, indiferente, e eticamente neutro – se é que a ética existe...

Mas sucede muitas vezes isto na política: a metamorfose dos ideais, a derrapagem semântica das palavras até passarem a significar o contrário do que desejariam designar, ou designaram mesmo originariamente.

A questão das formas de governo pode ter intuitos comparatistas, mais raramente de autognose, mas subliminarmente pode comportar a imorredoira preocupação filosófico-política de procurar a sociedade ideal, perseguindo, assim a utopia, ou "mito da cidade ideal" (Mucchieli). Qual a melhor forma de governo?

Já Heródoto, numa parábola em que põe Persas a discutir, se coloca a questão da melhor forma de governo. Um dos persas, Otanes, no final da discussão, vendo que haveriam, por votação, optado por escolher um rei, fez com os outros um pacto: não entraria em competição com os demais pelo poder, com a condição de não mandar nem ser mandado. A condição foi aceita por todos, e o "Pai da História" comenta, a terminar, que ainda então a casa de Otanes seria a única na Pérsia onde brilhava o fogo da liberdade, respeitando as leis, mas só obedecendo a quem reconhecia. Excelente Otanes, único homem livre!

Recentemente, e aludidindo tanto a formas políticas clássicas como a formas políticas nascentes, sobretudo em estado larvar, Steven Lukes, no seu *O Curioso Iluminismo do Prof. Caritat* glosa, com imenso humor, essa demanda da forma de governo perfeita. Adivinha-se o final... Mas é imprescindível ler.

BIBLIOGRAFIA MÍNIMA:

Clássico: ARISTÓTELES, *Política* (n/ ed.: ARISTOTLE, *Les Politiques*, tr. fr., Paris, Flammarion, 1990), Livro III, Capítulos 6 ss. (1278 b ss.)

Aprofundamentos, outras teorias: NORBERTO BOBBIO, *A Teoria das Formas de Governo*, 4.ª ed., trad. bras., Brasília, Universidade de Brasília, 1985
NELSON SALDANHA, *Secularização e Democracia. Sobre a Relação entre formas de governo e contextos culturais*, Rio de Janeiro/São Paulo, Renovar, 2003

Velhas e novas realidades: STEVEN LUKES, *The Curious Enlightenment of Professor Caritat*, Verso, 1995, Trad. port. de Teresa Curvelo, revisão de Manuel Joaquim Viera, *O curioso Iluminismo do Professor Caritat*, Lx., Gradiva, 1996

Capítulo 12. **Direitos e Deveres**

12.1. *Actualidade dos Direitos e urgência dos Deveres*

Poucos temas há tão populares como o dos direitos. A febre reivindicatica, a convicção de que se tinha e tem direito a isto e àquilo é de tal maneira enraizada que não ocorre a muitos perguntarem a razão de tanta gente se achar credora de tanto. Foi obviamente a demagogia, semeando no terreno úbere da avidez, e, não esqueçamos, à mistura com muita carência e injustiça, que resultou nesta situação complexa, porque, de um tempo em que a mundividência generalizada era a da aceitação da sua sorte (apenas com uma ou outra revolta isolada) se passou a uma época de sublevação latente, dada a permanente constatação de um *déficit...* E nenhum governo possui varinha de condão adequada a satisfazer todos. Já o Príncipe imperial Gotoki, do Japão, no séc. VII, se queixava das mil reclamações do povo em cada dia...

Mas tinha que ser assim. A própria Declaração Universal dos Direitos do Homem, que foi de algum modo a bandeira dessa revolução global dos direitos humanos, não deixou de sobretudo estipular direitos. António de Almeida Santos, no seu comentário ao Preâmbulo, na obra colectiva *Repensar a Cidadania. Nos 50 anos da Declaração*, p. 9, assim interpreta o ocorrido:

> "Até ela [à Declaração Universal dos Direitos do Homem], tudo eram deveres. Por isso só praticamente cogitou de direitos. Caiu-se, de algum modo, na situação inversa. É tempo de a sufragar com um conjunto de correspondentes deveres, tão irrecusáveis e fundamentais como os que já inscreveu nas

estrelas (leia-se no coração dos homens) como no passado se dizia do direito natural".

Esta síntese diz tudo. Vivemos em tempo de direitos, e esquecemos os deveres.

Também Álvaro D'Ors, no plano jurídico, e partindo de perspectivas diversas, tem insistido, nos seus últimos livros, como *Derecho y Sentido Común*, e *Bien Común y Enemigo Público*, que faltam deveres. E vai mais longe: para ele, os deveres é que são o verdadeiro direito natural, o qual como que se identifica com os Dez Mandamentos.

Seja como for, começa a haver, a par da reivindicação atiçada pela comunicação social sedenta de sangue e estrépito, e pelos políticos demagógicos, um cada vez maior acordo sobre a necessidade de termos direitos e deveres. Ambos.

Aliás, era esse o lema da próprio hino revolucionário *A Internacional*: *não mais direitos sem deveres, não mais deveres sem direitos*. A relação quase sinalagmática entre direitos e deveres não pode ser só pensada para o direito privado, mas também para a coisa pública. E para além do simples sinalagma.

12.2. *Demissão e Anomia Social*

A sociedade sem deveres está a levar os pais a demitirem-se de educar os filhos, os professores a terem medo de classificar, os superiores a pedirem a reforma antecipada, os funcionários mais novos a adiarem as decisões, os polícias a não aparecerem onde estão os bandidos (e a surgirem pujantes e sólidas vocações de bandido) e todos a tentarem viver sem responsabilidade. Até porque todos sabem que o crime passou a compensar, em muitos casos, e o denunciar o crime, ou o cumprir honestamente as obrigações (os deveres), pelo contrário, não traz benefícios, só canseiras.

Montesquieu afirmou que, quando é mais compensador fazer trabalho de corte (ou salamaleque) do que fazer o seu dever, tudo está perdido... E quem diz prestar vassalagem e passear-se na corte diz outras coisas...

A neutralidade estadual redundou num Estado indefeso... E num cidadão refém, ou, no mínimo, sitiado... Não só pela criminalidade, como apregoa, exagerando sempre, capitalizando todas as pulsões básicas (e o medo é uma delas), a imprensa sensacionalista ou os defensores do *Law and Order*. Mas pela geral demissão, pela geral apatia, pelo geral conformismo, pela ausência de projecto, de garra, de determinação, de sentido – de desígnio. E pelo analfabetismo axiológico imperante.

Não tenhamos ilusões: já não se transmitem na família hábitos de higiene, boas maneiras no falar (por exemplo, as formas de tratamento), regras de comer à mesa, para nem falar nos princípios básicos de ética... Só falta vir o Estado tomar definitiva e absolutamente conta das crianças com a justificação (em grande parte real) de que o está fazendo em pleno exercício do princípio da subsidiariedade... As famílias não têm culpa, e o Estado em grande parte está a *venire contra factum proprium*, na medida em que não dá (e em Portugal a situação é deplorável) condições para os pais educarem os filhos: obrigando, com salários baixos e condições sociais de modo algum compatíveis com os impostos pagos, a que pai e mãe trabalhem, muito, muitas horas, e abandonem os filhos a creches que os armazenam e à televisão que, em grande medida, os prepara para a violência, a alienação, a anti-cultura.

Encontramo-nos assim, pela demissão pública e privada, na porta de entrada da anomia social – se é que nela já não entramos. Numa situação em que se inverteu a regularidade da ordem, para a regra passar a ser, realmente, o caos, ou a anti-ordem. Os optimistas falarão diferentemente quando virem que seus filhos não aprendem na escola, que não lhes obedecem a comandos elementares, e no seu próprio interesse, que começam a drogar-se, que entram no crime... Mesmo os filhos dos ricos, cultos, bem-pensantes, privilegiados...

Em Portugal, a decadência já vem de longe. Um Eça de Queiroz e um Ramalho Ortigão fustigaram já, em pleno séc. XIX, uma sociedade que parece moribunda. Permita-se-nos que confrontemos o nosso presente com esse tempo gémeo, através de um trecho d'*As Farpas*, que já impressionara João Bigotte Chorão (*Repreensão e Louvor a Ramalho*, in *Os Vencidos da Vida*, p. 125):

> "(...) era a decomposição da sociedade, lentamente, surdamente, progressivamente contaminada pela mansa e sinuosa corrupção política. Quantos sintomas inquietantes!, a indisciplina geral, o progressivo rebaixamento dos caracteres, a desqualificação do mérito, o descomedimento das ambições, o espírito de insubordinação, a decadência mental da imprensa, a pusilanimidade da opinião, o rareamento dos homens modelares, o abastardamento das letras, a anarquia da arte, o desgosto do trabalho, a irreligião, e, finalmente, a pavorosa inconsciência do povo."

É caso para parafrasear Heidegger: "Só um Deus nos pode salvar"... Esperemos, contudo, que a simples razão humana (ainda que, eventualmente, divinamente inspirada) possa chegar... E que consigamos estabelecer o bom senso sem precisarmos de um milagre.

12.3. *Arqueologia dos Direitos*

Se a política rasteira apresenta os direitos como auto-gerados, nem sequer discutindo a sua radicação, e muito menos o seu fundamento, a ciência jurídica positivista, dogmática, apresenta o estado da questão dos direitos (como aliás apresenta tudo) como a quinta-essência do saber. O que tem história, e por vezes história polémica e até sangrenta, é apresentado com a *tranquilitas animi* de um *acquis* definitivo. Pior: como uma realidade científica universal e eterna – agindo e ensinando como se sempre tivesse sido assim. É o caso dos direitos subjectivos, molde teórico, verdadeiro paradigma, sobre o qual assenta todo o edifício jurídico da modernidade, e se criaram, também, os direitos fundamentais e humanos.

A verdade é que nem sempre foi assim. E há indícios de que a teoria já não bate muito certo com novas realidades, mesmo teóricas, nos extremos dos continentes teóricos.

Os Romanos não tinham direitos subjectivos, mas direitos objectivos. Cumpre lembrar, porém, que o positivismo redefiniu a relação entre direito objectivo e direitos subjectivo, de modo que hoje é praticamente impossível detectar o que aconteceu. Com efeito, direito objectivo é a própria coisa justa, devida, é o *quid* da relação, a *res debita*, o *suum*. E não, como se ensina hoje, a lei, ou o código (isso é o direito normativo). A propriedade romana típica era a da *plena in re potestas*, com poderes que incluíam o *ius utendi, fruendi et abutendi*. Ao invés, o direito subjectivo é, na definição canónica, um poder de exigir ou pretender de outrem um comportamento positivo (uma acção) ou negativo (uma omissão), ou de (na modalidade potestativa) desencadear certos efeitos jurídicos que inelutavelmente se impõe à esfera jurídica da contraparte, que nem os pode realmente violar, mas, no caso de contrariar este poder, violará apenas direito subjectivo simples constituído por via da existência do subjectivo potestativo.

Esta construção complexa, que faz as delícias dos aprendizes de jurista, é, nada mais nada menos, que herdeira do nominalismo, e do franciscanismo jurídico. A melhor introdução à compreensão do problema é uma leitura atenta (e já não será mau já assistir ao filme) da polémica sobre a propriedade que ecoa em *O Nome da Rosa*, de Umberto Eco... Mas isso levar-nos-ia muito longe. Fique-nos porém a ideia de que estes conceitos têm história, e que algo está a mudar...

Efectivamente, quando às gerações de direitos sucessivamente civis e políticos, se acrescentaram os direitos sociais, económicos e culturais (ou sociais só, para encurtar, embora aos outros dois englobando), e até direitos "pós-sociais", sobretudo ambientais, urbanísticos e afins, uma parte da doutrina inclinou-se inicialmente para uma espécie de não juridicidade ou juridicidade menor de tais direitos, sobretudo dada a sua inexistente ou muito rara e complexa sindicabilidade forense. Mas lentamente as coisas começaram de algum modo a mudar... E cada vez são mais os que reconhecem que alguma coisa do que se escondia por detrás da amálgama de uma avalanche de direitos era efectivamente de Justiça e merecia alguma tutela, e, sem dúvida, consideração de juridicidade.

Ainda é cedo para sabermos como, depois da fase clássica do direito objectivo e da fase moderna do direito subjectivo, passaremos a uma nova fase (já não dizemos pós-moderna, porque a expressão envelheceu). Talvez se consiga construir uma teoria geral do Direito a partir da dimensão social do Direito.

Entretanto, os direitos fundamentais e humanos (os primeiros na perspectiva mais nacional, os segundos mais numa dimensão internacional, e, em rigor, todos subordinados à universalidade do Direito Natural) encontram-se incomodamente no casulo dos direitos subjectivos, que não lhes convém muito, ou não convém a todas as suas modalidades. Certamente um dia baterão asas...

12.4. *Os Direitos entre Direitohumanistas e Jusnaturalistas*

Uma luta fratricida irrompeu quando começaram a confluir num discurso comum, em favor dos Direitos Humanos, quer o Magistério da Igreja, quer os Republicanos laicos herdeiros da Revolução Francesa, quer os novíssimos esquerdistas, convertidos à democracia burguesa pelo menos como regra do jogo e táctica, quer os próprios comunistas de denominação ortodoxa...

Aí o purismo dos jusnaturalistas mais fiéis às condenações do liberalismo e a um certo tradicionalismo político veio ao de cima, a explicar que os Romanos não tinham direitos subjectivos, que se estava a apregoar castelos em Espanha (ou em França), conforme a nacionalidade de quem expunha, que entre o Direito Natural e esses direitos ia uma distância abissal, etc., etc...

Nomes prestigiadíssimos como os de Michel Villey, Carlos Ignacio Massini, Alejandro Guzmán, Álvaro D'Ors, Jorge Adame, e outros, explicariam abundantemente reticências aos novos direitos ditos humanos.

Todavia, em grande medida se tratava de uma questão de surpresa e de choque, sobretudo depois que a Igreja Católica, sobretudo com João Paulo II, assumiu essa causa com denodo, e que os adversários e até inimigos de ontem pareciam ser aliados hoje... E, como Villey viria a concluir, era também, em grande medida, um problema de terminologia, uma questão de palavras. À qual se juntava, da parte dos críticos, um conjunto de alertas muito pertinentes: como garantir esses direitos conflituantes entre si? Como torná-los efectivos, dada a raridade dos bens? E como torná-los juridicamente eficazes? Ao ponderar que na Europa passava a haver jurisdição de Direitos Humanos, Villey terá ficado mais convencido. Embora a simples existência de jurisdição não garanta, por si só, os direitos, ajuda muito.

Alguma doutrina espanhola contribuiu em grande medida para apaziguar os ânimos, muitos justamente interpretando os direitos humanos sempre à luz do Direito Natural, não entendido numa perspectiva racionalista e abstracta (Direito Natural moderno), mas na fidelidade ao realismo clássico, na tríplice lição de Aristóteles, dos Romanos e de Tomás de Aquino. Javier Hervada seria um grande obreiro dessa síntese. Nessas águas equilibradas e compatibilizadoras navegam também alguns portugueses, de que se destaca Mário Bigotte Chorão, designadamente nos seus *Temas Fundamentais de Direito* e *Introdução ao Direito*.

Numa formulação feliz, Francisco Puy sintetizou esta guerra bizantina: pois, na verdade, é muito mais o que une jusnaturalistas e jushumanistas do que aquilo que porventura ainda os divida: uns gostam de jogar à bola e detestam futebol, outros adoram futebol e odeiam jogar à bola...

Apesar de uma certa confusão conceitual e metodológica, não deixa de ser reconfortante que os grandes, nobres, filosóficos e em grande medida (infelizmente) esotéricos conceitos do Direito Natural possam agora estar acessíveis a todos, mercê da linguagem dos direitos humanos.

Posto é que a má moeda não expulse a boa, e que contrafacções de direitos, aspirações quiméricas, reivindicações desmedidas ou injustas, privilegiadores de minorias activistas contra o conjuntos do povo, não venham a tudo deitar a perder. Também há esse perigo, mas largamente é compensado com a globalização da ideia de Justiça, afinal...que direitos humanos e Direito Natural afinal tendem ambos para esse valor, fim, e virtude.

Paradela e inversamente, corre-se também o risco de um jusnaturalismo de *flatu vocis*, intelectualista e catalogador, ou antiquário, na verdade alheio aos desafios do presente e ao constante e perpétuo apelo da Justiça, enquistado naquilo a que alguns autores chamam, e com propriedade, *titularismo*, redundando num *jusnaturalismo positivista*, ou em fórmulas excessivamente apegadas a racionalidades extra-jurídicas, ou a preconceitos ideológicos ou afins.

Por essas ou por outras razões é também de assinalar que paralela reflexão se foi exercendo em torno de Teorias da Justiça. Algumas, pouco originais, embora por vezes muito celebradas. Outras, de verdadeiro mérito. Merecem entre nós menção as preocupações com a Justiça e a sua teorização de António Braz Teixeira, designadamente no seu *Sentido e Valor do Direito*.

Em muito grande medida alheio a estas questões doutrinais e filosóficas, a política internacional e nacional digladia-se invocando direitos humanos de forma sempre imprecisa, mas muito dinâmica. Se o Direito tem dificuldade em disciplinar a Política, a Filosofia do Direito encontra ainda mais escolhos... É natural. Um lord inglês afirmou um dia que a Política era uma *coisa rude*: é sem dúvida uma actividade apressada, sem tempo para grandes congeminações. O que comporta prós e contras.

BIBLIOGRAFIA MÍNIMA

Paulo Ferreira Da Cunha, *O Ponto de Arquimedes. Natureza Humana, Direito Natural, Direitos Humanos,* Coimbra, Almedina, 2001, máx. pp. 111-190
Idem, *Teoria da Constituição*, vol. II. *Direitos Humanos. Direitos Fundamentais*, Lx. /São Paulo, Verbo, 2000, pp. 17-206, máx. pp. 17-134; 297-312.
Idem (org.), *Direitos Humanos. Teorias e Práticas*, Coimbra, Almedina, 2003

Capítulo 13. Organização e Controlo do Poder. Estado, Poderes e Separação dos Poderes

13.1. *Universalidade do Controlo do Poder*

O Poder é de si imoderado. Uma frase atribuída a muitos autores recorda que "todo o poder corrompe, e o poder absoluto corrompe absolutamente". Como se não pode prescindir do poder, mas simultaneamente se pretendem evitar as suas degenrescências e abusos, sempre se têm encontrado fórmulas de moderar o poder.

Classicamente, o regime misto foi uma delas. Nos tempos medievais, não só as leis fundamentais dos reinos limitaram os monarcas como – e com que força, se fossem crentes – o prestar contas a Deus.

Modernamente, a técnica de controlo do poder mais clássica é da de separação, interdependência – os freios e contrapesos – entre os poderes do Estado. Trata-se de uma técnica que se eleva a princípio constitucional fundamental, e tem uma longa história (com muitas conexões), que vale a pena conhecer.

13.2. *Desfazendo ideias-feitas*

Para a compreensão de alguns problemas basilares da separação de poderes devemos desfazer previamente vários equívocos que se foram sedimentando, os quais, sendo muitas vezes o lugar comum que de si faz artigos canónicos, não raro derivam da propagação imitativa do erro que o arguto e também muito olvidado Gabriel de Tarde magistralmente estudou. De entre essas verdades, que certos vêem como sacramentais, avultam as seguintes:

144 *Política Mínima*

a) O encarar do princípio através da confusão entre orgãos, funções e poderes do Estado, donde resulta que a separação de poderes poderá passar a ser entendida como separação de algo diverso desses mesmos poderes;

b) A afirmação (explícita, ou, as mais das vezes, implícita) de que os poderes são compartimentos estanques, e / ou que Montesquieu, tido por pai da teoria, os teria engendrado quais três torres de marfim, altivas, isoladas e iguais em força.

Outras erróneas afirmações existem, com suas variantes. E não são poucas. Estas duas, porém, são do que de mais nocivo embaraça o nosso tema.

13.3. *Poderes, funções e órgãos – o Problema*

Quando se procura pôr ordem no problema em apreço, começa por distinguir-se *poder, função e órgão.* É já um progresso importante, embora (mais ou menos subtilmente), muitas vezes de novo se venham a imiscuir considerações impuras e alheias na definição de cada um dos elementos da tríade. Devemos além disso estar precavidos para a eventualidade de nela poderem ainda exercer influência outros elementos, igualmente exógenos – *v.g.* de ordem social ou económica, designadamente na perspectiva da ligação dos aspectos vertentes com as divisões sociais (estratos sociais, estamentos, classes). É ainda de esperar a intervenção de outros factores de modelação dos aspectos em causa, desta feita com uma aproximação substancial e até essencial notável relativamente aos três elementos a discernir. Trata-se da matéria adjacente dos fins do Estado. Vejamos um pouco a razão de ser de uma tal situação.

Se, por um lado, a função faz o órgão, ou seja, se o que efectivamente este é decorre da(s) função(ões) que desenvolva, o certo é que também regista a doutrina o chamado *critério orgânico das funções do Estado.* Por outro lado, poderes e funções realizam-se ou concretizam-se sempre através de órgãos (ou agen-

Organização e Controlo do Poder. Estado, Poderes e Separação dos Poderes   145

tes...) e estes nada seriam sem aqueles. Finalmente, as funções desenvolvem-se no exercício de poderes, e estes, enquanto "parcelas" do Poder, da integral soberania, são aspectos ou desdobramentos facilmente subsumíveis no *quid* autorizativo que permite realizar uma dada função. Explica-se por consequência sem dificuldade a tentação de tudo confundir.

Para obviar a este problema, várias soluções têm vindo a ser propostas no concerto desconcertante da doutrina. E cada solução tem acabado por vir a constituir novo problema.

13.4. *A proposta de Lessona*

De entre as várias, inúmeras, propostas destaquemos por exemplo a de Silvio Lessona, para quem a questão terminológica deveria obter nada menos que a seguinte solução: reservar-se-ia o termo *órgãos* para uma focalização subjectiva do problema (ordem); a actividade do Estado seria distribuída por *funções,* desta feita numa óptica objectiva; e o termo *poder* seria banido desta área do Direito, restringindo-se o seu uso – *stupete gentes!* – às situações de "direitos subjectivos", enfim, com o significado especialmente privatístico de *poder jurídico.*

Se as duas primeiras precisões conceituais, embora necessariamente redutoras, esclarecem a questão à sua maneira, a proscrição da terceira categoria – precisamente a supressão do termo *poder* – apenas abruptamente elimina o problema, cuidando assim tê-lo resolvido.

Não será, ao que julgamos, com este tipo de soluções que se encontrará a fórmula capaz de aplacar as nossas angústias teóricas. O poder e os poderes estão aqui naturalmente em casa. De estranhar seria que não sentíssemos todos o pesado hálito da sua presença tutelar. Não é ignorando-os, como a conhecida ave pernalta, que lograremos apagá-los do nosso universo de análise. Não se entende mesmo como possa ser razoavelmente factível estudar a separação ou a distribuição, ou o que se queira... de algo que recusemos considerar em si próprio. Tal absurdo de falar em torno do que se reduz eideticamente a um parêntesis vazio só é possível através da mistificação e do completo divórcio face às *coisas,* que alguma doutrina lamentavelmente vai crescentemente acentuando. Mas prossigamos.

13.5. *Órgãos do Estado*

O que sejam *de per si* órgãos parece não excessivamente polémico nesta acepção. Trata-se afinal das estruturas, mais ou menos complexas, de formação e manifestação da vontade do Estado: são *um fumus* de pessoas jurídicas *(improprio sensu,* evidentemente) inseridas na sistémica estadual a quem, por via de uma mais ou menos lata *fictio juris,* se atribui a possibilidade de pensar, falar e agir pelo Estado, *em dadas matérias, definidas pelas suas incumbências, e no exercício afinal de dados poderes.* Ora esta última característica (sublinhada), muito nos aproxima do problema das funções e dos poderes, como é patente. E parece, por conseguinte, não restarem dúvidas de que os órgãos são, afinal, as estruturas *subjectivas* desta tríade.

13.6. *Funções do Estado*

Caberá então perguntar agora pelas funções. No respeitante a este assunto, as diversas ciências têm vindo (entre si, mas também no seio de várias) a complicar o problema. *Nous sommes venus trop tard dans un monde déjà trop vieux,* em que as teorizações se multiplicaram como os grãos de trigo no quadriculado tabuleiro do ingénuo vizir.

Nas perspectivas adversas de várias teorizações, tanto a função é fim, como é meio, tanto se excede e agiganta em escatologia como se confina e amesquinha em técnica ou táctica, tanto é faculdade como passa a obrigação, ou poder-dever. Confundindo procedimento, método (do grego *meta + odos* – caminho para),

Organização e Controlo do Poder. Estado, Poderes e Separação dos Poderes **147**

com teleologia, a Ciência arrisca-se a afundar-se na mais caótica imprecisão. Diversas teorias procuraram centrar-se exclusivamente na análise das funções, pondo de lado, pelo menos nessa primeira fase, os restantes elementos da tríade. Fugiram assim de parte do problema, para virem a cair numa sua nóvel versão.

Sem a menor preocupação de exaustividade, até porque as teorias são sobejamente conhecidas, passemos o olhar por algumas.

13.7. *Teorias de Jellinek e Duguit*

Para Jellinek, na análise do Estado parte-se dos fins para as funções. Mas se aqueles são dois, estas vêm a ser três, dado que três seriam também os meios. Como fins, contar-se-iam os culturais e os jurídicos; como meios, haveria a considerar dois tipos de normação, a abstracta e a concreta. No respeitante às funções, corresponderia à normação abstracta de índole cultural ou jurídica, a função legislativa; a actividade concreta de âmbito cultural encontrar-se-ia a cargo de uma função administrativa; e idêntica concretização, agora no domínio do judicial, seria do foro de uma função judicial. Daqui decorreriam os diferentes tipos de actos – leis, actos administrativos, e decisões judiciais.

Para Duguit, a ordem é inversa. Parte este dos actos para as funções. Haveria então actos-regra (legislativos), actos condição e actos subjectivos (administrativos). Ficando de fora o judicial (para a clássica perfeição da tríade), o autor cria ainda os actos jurisdicionais, a que logo faz corresponder a inerente função (judicial).

As teorias de Jellinek e de Duguit, sendo aparentemente opostas, radicam em pressupostos e atitudes mentais comuns. Como já todos nitidamente pressentimos, paira sobre os seus espíritos a velha ideia da tripartição funcional que se diz provir de Montesquieu – legislativo, executivo (administrativo), judicial. E no fundo é essa teoria, essa *visão* tradicional das coisas, que ambos afinal pretendem provar *cientificamente*. Para tal, e fazendo uso de um instrumento mental que no espírito (ou *forma mentis*) dos juristas só pode ser afim de algo como a inversão do silogismo judiciário, partem da conclusão para as premissas. O primeiro, visa justificar a divisão tradicional de funções (assim também confundida com os poderes) através de um percurso descendente: do mais vasto, distante... (fins), para o mais chão (actos), passando pelas funções. O segundo, procede ao invés: parte dos actos, o mais imediato ou aparente, para depois construir as funções, em princípio mais remotas.

Mas a razão profunda de ambos pode claramente descortinar-se através da análise das contradições internas dos seus esquemas: Jellinek poderia ter criado quatro funções (porque não a da normação abstracta para fins culturais e a da normação abstracta para fins jurídicos?). Duguit poderia ter-se quedado pelas três (uma para cada tipo de actos que conhece), mas não sendo nenhuma delas a função judicial. Ambos adaptaram a sua visão a um inveterado hábito pré-existente.

13.8. *A Escola de Viena: Kelsen e Merkl*

A escola de Viena, com Kelsen e com Merkl, vai aparentemente cortar com a tradição que via algo de sagrado e intocável nas três funções assacadas ao barão de la Brède, na senda da iconoclastia implícita no seu positivismo lógico-metodológico. Atenta ao fenómeno, e desprezando um inatingível númeno, cuidando do real e não do ideal, limita esta corrente as funções do Estado a duas funções jurídicas, num procedimento a que não será alheia a paradoxal tentação pan-juridista da metáfora que seduzira Kelsen. Assim, nada sendo alheio ao Direito (mas também porque, como no oiro de Midas, este é oiro artificial, alquímico – e esperemos que não apenas lixo de Énio), assinala-se a função de criação e a função de execução do Direito. Contudo, não se sabe se por via da dialéctica de Hegel, Kelsen será forçado a alinhar na tripartição. E assim uma espécie de estranha síntese nos surge, na veste de uma nova função, a administrativa, consistindo na obediência ao Direito.

Aqui não são os nomes das funções a pesarem sobre o rigor do teórico. É uma antiquíssima força, é o sortilégio, é a magia do número três – Talvez fundada na vaga (e contudo fortíssima) ideia de que a dualidade é incompletude, que à tese e à antítese algo falta para um coroar final e harmónico. E é ainda um *quid* indefinível de índole lógica (tão cara a Kelsen): criar direito, executar direito, e algo mais, como que "fazer operar" o direito, torná-lo efectivo, são três passos sucessivos e com sentido, num caminhar do vértice para a base de uma estrutura piramidal de pensamento. Um vértice de ar rarefeito, junto do céu dos conceitos, uma base que se quer com os pés bem assentes na terra. É verdade que fazer operar o direito, ou fazer cumprir o direito é ainda executá-lo, em termos latos. Só que aqui novamente entram velhos pressupostos (velhos mitos, tão inconscientes...): pressupõe-se o direito como a lei, e quando se cria esta, segundo esse preconceito iluminista-liberal, pode o deus-jurista descansar como no sétimo dia da criação. A função executiva já não é criadora; a administração executa, não cria. E quanto ao cumprimento, aí está a polícia e aí estão os tribunais, em que os juízes nada criam e pouco executarão, dado serem, como afirma o inevitável Charles de Secondat, n'*O Espírito das Leis, XI*, 6, simples *bouche qui prononce les paroles de la loi,* e o judicial um poder invisível e nulo.

Encurtando razões, a escola de Viena ruma para as uma teoria nova e radical, para logo se não poder sustentar, e acabando perturbada.

Depois destas teorias, já clássicas, entra em explosão e em delírio o rol das doutrinas, mais ou menos à razão de uma sentença por cabeça. Ante a pulverização dos sufrágios, começaram mais tarde a aparecer novas teorias-síntese, visando repor a ordem. Falemos agora – sempre em epítome – de algumas de entre elas.

13.9. *Teoria de Marcello Caetano*

Entre nós, Marcello Caetano propõe uma "teoria integral". Precavido pelo fracasso de Hans Kelsen, autor de pesada teorização pan-jurídica (em que tudo se encaminha para a identificação prática entre Direito e Estado), e tendo detectado na realidade fenoménica, sociológica, um "Estado", não apenas composto por elementos penetrados de juridicidade (aos tempos ainda liberais de Jellinek e de Duguit tinha inapelavelmente sucedido já um Estado-social, hiper-ocupado e infatigável trabalhador *præter legem)*, vai o Mestre de Lisboa sugerir uma nova perspectivação, desta feita partindo de uma base dual. É um dualismo com subdivisões. Não vamos entrar aqui no pormenor da doutrina, aliás das mais correntes nos nossos meios, ainda nos nossos dias. Cumpre apenas sublinhar que se apartam em dois grandes grupos as funções jurídicas e as não jurídicas; que, nas primeiras, se inclui a legislativa e a executiva, a qual, por sua vez, se subdivide em administrativa e judicial; que se coloca nas segundas funções o que, na acção estadual, é técnico ou político.

Ressalte-se a inovação de não ceder à trifuncionalidade habitual, e a reaproximação a Locke que a configuração dada à segunda função jurídica constitui (a outra, para além do legislativo), bem como a clareza em abertamente reconhecer a óbvia presença do político no Estado, a par do que é técnico, e de a ambas as categorias apartar das coisas do Direito. Compreende-se a fama e a longevidade entre nós de uma tal estruturação, embora suspeitemos que se têm ficado a dever menos ao valor intrínseco da doutrina inicial, que é grande, do que ao comodismo nacional pelo qual se vão copiando os velhos manuais, sem cerimónia e nem sempre com a vénia mínima de uma referência da fonte. Mas não nos alonguemos...

Porque é, então, "integral" a teoria de Marcello Caetano? Por duas ordens de razões.

Primeiro, porque pretende abarcar a unidade totalizante do Estado na nossa época, quer na sua veste jurídica, quer quando despido de Direito. É, pois, uma visão que supera o âmbito da ciência jurídica para se posicionar (também) na ciência política ou na sociologia política. Aí procura navegar de forma recta e realista, objectiva, mas não *afivelando* decerto *no palco da tragédia* qualquer *máscara de cardeal-diácono do Direito*... Se Kelsen purifica o Direito até o rebaixar a instrumento ou técnica do Estado, podendo depois (quando a juridicidade já não constitui qualquer *differentia specifica)* tudo nele considerar função jurídica, Marcello Caetano descreve o Leviathã dos nossos dias, híbrido de Direito e de não-direito (quantas vezes anti-direito), não indicando *o sollen* mas apenas o *sein* da realidade que, hoje, mais interessaria domesticar juridicamente, e sem cuja subordinação ao Direito se arrisca a juridicidade a não passar de insignificante passatempo, qual regra fugaz de um jogo de crianças.

Em segundo lugar, pensamos que a aludida integralidade deriva de uma fusão de teorias. Na última formulação da sua doutrina, Kelsen admite funções não jurídicas – tal é a posição que o irá perder. Procurou distanciar-se excessivamente do lugar de fiel seguidor da teoria tripartida e dos poderes tradicionais e, como é tão habitual nas querelas jurídicas "deixou entrar pela janela o que pretendia fazer sair pela porta". Ora Marcello Caetano assumiu a queda de Kelsen no real da distinção entre o jurídico e o não jurídico não como remendo final e excepção a uma construção teórica, mas antes como *prius* da sua teoria. E, a partir do que em Kelsen era fraqueza, construiu Marcello Caetano, com a força das sínteses, uma teoria em que se colhia do positivismo lógico uma boa parte, procurando contudo evitar cair em excessiva heterodoxia face à clássica divisão tripartida.

Assim, do pujante primeiro Kelsen toma afinal a ideia da divisão do jurídico em criação e execução do direito, a que chama, aproximando-se da visão tradicional, função legislativa e executiva. E logo aproveita também do teórico austríaco para subdividir o executivo em administração e jurisdição. No plano do não jurídico, à função de obediência ao direito, operacional, chama técnica.

Esta visão não ficará isenta de críticas, como é óbvio. Destaquemos as que se apresentam do flanco da função política, a qual, não constando embora do elenco tradicional, lhe havia sido acrescentada "em breve", como assinala Mário Esteves de Oliveira. Ora, se era certo que o político, *livre* e *autónomo,* se não compadecia com as peias do jurídico, aproximando-se, nessa não juridicidade (*hoc sensu*), do técnico, a verdade é que muito de político porejava no ser próprio do legislativo, do executivo... Afinal, e utilizando as palavras de Lorenz von Stein, o político seria sempre "o pensamento que dirige". E dirige não só a Administração mas também tudo o demais. Aliás, se à função política chamarmos governamental, e se, consequentemente, a localizarmos no órgão *governo*, o problema é outro ainda, e teremos então de analisar *de jure* e *de facto* o quanto tal órgão será ou não "director" do Estado. Retomemos, porém, o fio dos nossos pensamentos. É certo que a função política e o acto político têm relevantíssima importância prática, até pela sua tradicional inatacabilidade hierárquica ou contenciosa. Todavia, apresentar a política como uma função à parte, de entre o todo das actividades do Estado, é empresa susceptível de propiciar inextricáveis confusões.

Em suma, o que se crítica muitas vezes a Marcello Caetano é a parificação de funções, mercê de um critério que, partindo da distinção inicial entre o estatal jurídico e o estatal não jurídico, aparece não raro como uma divisão essencialmente formal. À consideração da importância do político e da sua influência noutras funções estaduais repugna um critério que, aparentemente ao menos, as igualiza a todas, e, acantonando depois a política junto da técnica, lhe impede a expansão.

13.10. *Kelsen e Marcello Caetano*

Assim, se a teoria de Kelsen, decorrendo da sua pirâmide normativa, é comparável à música do *Bolero* de Ravel, não parece restarem dúvidas de que a de Marcello Caetano ao menos

Organização e Controlo do Poder. Estado, Poderes e Separação dos Poderes 153

prefigura um sistema dodecafónico, como nas *melodias* de Schoenberg. Deixa de haver nota dominante, revela-se a pulverização de notas (funções), como que desprovidas de hierarquia, mas irrepetíveis. É certo que Marcello Caetano não visaria um tal *igualitarismo*. Evidentemente. Mas todos sabemos que, uma vez posta em marcha uma doutrina, aos efeitos queridos se vêm a acrescentar inafastavelmente bom número de efeitos não desejados. A quem, por mais brilhante, é dado antever todas as consequências de um pensamento?

Já ulteriormente à teorização de Marcello Caetano, algumas outras teorias surgiram, esgrimindo em particular acerca da questão *política*. Era claro que o insigne administrativista não conseguira encerrar a velha polémica.

13.11. *De Mane a Hauriou*

Roland Mane readapta a intuição de Kelsen do binómio criação-execução através de uma teoria que se apresenta como "estrutural". Esta nova tentativa persiste na senda do *dodecafonismo*: estaríamos agora perante quatro funções (divididas em dois grupos. O primeiro grupo é o político, envolvendo as funções de governo e de legislação; o segundo é, afinal, de índole "técnica", englobando a administração e a jurisdição. É apenas um exemplo ...

A obecessão do político leva a outras formulações, repetindo num retinir constante a nota proibida, para escândalo de todo o Schoenberg.

Numa sinfonia iterativa, vem um Renard falar em política (governativa e executiva) e em jurídico (judicial). Entre nós, Marcello Rebello de Sousa, aperfeiçoando a visão de Marcello Caetano, chegou a defender a existência de uma função político-legislativa como dominante, e de funções dependentes, vinculadas, a jurisdicional e a administrativa. Mais tarde, de novo voltaria à divisão entre uma função política e uma função legislativa, ambas dominantes.

A exposição das teorias não mais teria fim. De sublinhar até a existência de posições que por completo subvertem os esquemas tradicionais, sabe-se lá se pela dupla inspiração sociologista (a obecessiva preocupação de ver o real, o concreto) e purista (regresso às fontes, máxime a Montesquieu). Hauriou, por exemplo, chegaria mesmo a proclamar a inexistência do poder judicial (pois não está expressamente escrito num capítulo célebre de *O Espírito das Leis* que a função judicial é afinal *"en toute façon nulle"?),* mas, para continuar portas adentro do sagrado templo da habitual e cultuadíssima trindade, chama para terceiro poder do Estado, além dos costumeiros legislativo e executivo, ainda o *sufrágio*! Caso é para perguntar o que virá a ser o judicial no seio de um tal sistema. Mas afinal é muito simples. Num retorno pelo menos a Kelsen, o judicial é agora novamente um ramo do executivo.

13.12. *Teses sobre as Teorias*

a) A arte combinatória é imparável e *ad infinitum* se podem jogar as categorias.

b) Em todas as classificações propostas se insinua sempre o padrão original da tríade, identificada normalmente com a de Montesquieu, mas que claramente se sente ser algo de mais profundo e enraizado, dado o repetido desconforto face a tal teoria em concreto experimentado. Motivador, aliás, de sempre renovadas formulações.

c) Concomitantemente, uma outra tríade se desenvolve nas tipologias – órgãos, funções e poderes – fazendo-se um apelo híbrido (normalmente tácito) a um dos restantes elementos quando a mera "função" parece não responder cabalmente às solicitações, não sendo tal solução afinal mais que uma forma de fazer persistir o problema inicial. Tal é, por exemplo, o que vem a suceder quando Duguit "cria" os actos jurisdicionais, fazendo-os radicar exclusivamente afinal nos Tribunais-órgão. Quando se acentua a função política, que umas vezes é apontada como superfunção,

Organização e Controlo do Poder. Estado, Poderes e Separação dos Poderes   155

outras como função à parte, outras ainda como pano de fundo de várias outras funções, o que poderá estar em causa é o problema da distinção, nem sempre claramente apresentada nesta sede, entre poder e poderes. Etc... etc..

d) Por fim, todo o antecedente obsta a um entendimento claro da definição material (não formal ou orgânica) das funções estaduais, e do seu núcleo essencial – e hoje cada vez mais candente –, a questão das reservas: de lei, de administração e de jurisdição.

e) Pressente-se a presença surda de problemas não jurídicos a interporem-se em toda esta questão. Problemas fácticos mais que teóricos ou normativos. Matérias sociais (de classe e de aspiração a titularidade de órgãos), puras lutas de poder (especificamente políticas, pois), actividades materiais e especializadas, mais ou menos "construtivistas" (daí as funções terem nomes como "técnica", "administrativa", "executiva"...).

13.13. *Genealogia do Poder: função, órgão, poderes*

Acompanhando o pensamento de Lessona sobre o nosso problema, julgamos poder extrair-se de toda a dificuldade e de todo o desacordo alguma lição. Poder-se-ia eventualmente dizer que uma coisa são funções, outra são órgãos e outra são poderes. Ninguém o contesta em teoria. Mas como tirar daí consequências suficientemente esclarecedoras e operativas? Sublinhemo-lo, antes de mais: até de um ponto de vista histórico tal divisão se nos afigura importante. Primeiro, a função. Depois, o órgão. Finalmente os poderes. Mas, é evidente, todas estas três entidades são manifestações do *Poder.*

Isto é: o poder, numa comunidade tribal ou num império estadual, não importa, pré-existe, como alfa e omega do político. Daí a omnipresença deste em todo o tema. Sendo muito difícil desvendar os arcanos da História mais arcaica, é-nos apenas permitido supor que, no mítico chefe da aldeia primitiva, o poder seria quiçá uno, soberano, sem limites, numa altura em que a direcção de tão diminuto agrupamento social não exigiria uma complexidade de tarefas e uma sobrecarga de trabalhos... Ninguém duvidará, entretanto, que seria materialmente diferente a eventual determinação de regras gerais e abstractas para futuro e para todos por parte desse chefe (o que, para a mentalidade tradicional, jamais se poderia aceitar nesses termos, a menos que o chefe fosse um desses legisladores primordiais semi-divinos), a resolução pontual dos negócios correntes da tribo, ou o julgamento caso a caso de infracções, etc. Em tudo se manifestaria o poder (político), havendo já, no entanto, funções, reunidas embora no mesmo órgão de comando, de composição unipessoal. De resto, mesmo quando as funções estão reunidas num só, parece não deixar de poder detectar-se o seu carácter distinto entre si. S. Luis administrava a justiça sob o velho carvalho, o nosso rei justiceiro, D. Pedro I, desenvolvia a mesma função em audiências determinadas, após declaração solene de que o iria fazer. E se, nestes casos, se está ante o exercício positivo de dadas funções, ele há também casos de exercício negativo, ou de funções ou manifestações de funções vedadas ao Príncipe. Assim, por exemplo, os Capetos não possuíam o poder de lançar impostos e aos Bourbons não era permitida a mobilização militar.

Nas situações em que há um poder radicado num só (nos absolutismos *lato sensu* ou nas monarquias da classificação *etimológica* de Aristóteles), mas em que a multiplicidade de afazeres do Estado imponha já uma divisão de trabalho, não há divisão de poderes, há distribuição de funções, ditada por razões de eficiência. Tal repartição tanto pode ser efectuada através de uma relativamente perfeita correspondência orgão-função, como (o que será mais natural) por meio de uma formulação híbrida, em que o soberano aliena funcionalmente (não politicamente) parte das suas competências, permanecendo em última instância como seu responsável e detentor. *Simples officiers du souverain,* os órgãos singulares ou colectivos podem deter funções ou parte delas, não verdadeiros poderes. Esta era aliás, e em síntese, a posição de Rousseau, que, radica em Bodin e no seu conceito de soberania.

Finalmente, a separação de poderes (ideia em si mesma antiga, de certo modo decorrente das clássicas do regime misto, mas em voga com esse nome desde o séc. XVII e XVIII, com Locke e sobretudo com Montesquieu) corresponde a uma técnica de limitação do poder, de garantia de liberdade, de proscrição dos abusos..., consistindo na atribuição a certos órgãos de parcelas do anteriormente uno *poder,* de molde a que cada órgão, constituído por indivíduos (titulares) em princípio exclusivamente a si adstritos (sujeitos a incompatibilidades), pudesse travar os excessos dos demais. Técnica antiga, esta, de separar e pluralizar os detentores do poder. Desde logo com as monarquias duais (recordemos os dois reis de Esparta ou os dois cônsules da república romana), vai encontrar na distinção conceitual entre as funções do Estado uma auréola de cientificidade e naturalidade de que carecia a sua *ultima ratio* política. Quer dizer, se havia que dividir, então que se repartisse pelas funções. O que põe problemas.

É que efectivamente seria concebível a existência em teoria de dois, três ou mais poderes, sediados em órgãos diversos, mas tendo como âmbito o todo do *poder,* todas as funções do Estado. Numa tal situação estaria em relevo a distinção, a separação puramente orgânica. E obviamente não haveria separação funcional.

13.14. *Vicissitudes históricas da teoria da separação dos poderes*

O que historicamente sucedeu (e nestas coisas é a História quem sobretudo nos esclarece), foi o ter-se procurado identificar os poderes (separados) com igualmente separadas funções. Não completamente – aqui tudo ou quase tudo é apenas tendencial: assim, por exemplo, em Aristóteles, e falando nos nossos termos habituais e contemporâneos, o poder deliberativo é simultaneamente o legislativo e o "político", embora englobe, *v.g.*, certos casos jurisdicionais – como as possibilidades de decretar a pena de morte, o desterro, a confiscação de bens, etc...; do mesmo modo o poder executivo é administração e "governo", e o judiciário é o judicial.

O problema principal foi o ter-se primeiramente postulado (por razões de perfeição na justificação teórica, além de outras) a divisão completa de poderes. Esta mania perfeccionista inicial, à qual anda aliada a inveja dos parlamentares entre si e o medo de que Mirabeau se viesse a tornar primeiro-ministro, teve logo desastrosas consequências práticas: para uns, na França de 89 e 48, para outros, na de 91 e do ano III, redundando a inoperância assim instalada mais ou menos sempre em golpe de Estado.

Ora após o erro da não colaboração de poderes (Montesquieu, contudo, falava significativamente em *"aller de concert"*), veio a cair-se numa dispersão de funções pelos poderes (agora já algo identificados com os órgãos que os assumem). E de tal sorte se veio a tornar imperante esta tendência, que se não sabe muito bem qual a função do governo moderno: pois se ele *executa e cria,* dividindo-se pelas funções política, técnica e executiva, administrativa, legislativa e sabe-se lá porque não ainda também pela judicial... Assim se recoloca o problema original do político e do poder. Todavia, a assimetria teórico-prática não fica por aqui, porquanto, se o governo é um *factotum,* também o legislativo e até o judicial vêm assaltar posições tradicionalmente consideradas sob a alçada de diversas funções, cometidas a outros órgãos. Para não se referirem casos limite, basta ponderar com um certo distanciamento sobre o que vêm a ser os juízos judiciais de constitucionalidade e as apreciações contenciosas dos actos administrativos. Exercer uma função é também, pelo menos em parte, avaliá-la, e poder invalidar o que ela dita é até um dos maiores, senão mesmo o maior, dos poderes face a qualquer função. É isso que tais sistemas de controlo detêm.

Todo este clima provoca um recolocar do problema das funções e dos poderes. Se se começou por pensá-los numa perspectiva do poder e do Estado, a partir dos seus órgãos de produção, agora, mesmo intra-Estado, se passa a equacionar a questão noutros termos: encara-se o problema hipostasiando a perspectiva garantística, no perfeito esquema dos "freios e contrapesos". E já se vai pensando em dividir os poderes como nas antigas monarquias dualistas se poderia já ter feito: entre um poder de acção (governo, função executiva), e um poder de controle (legislativo, Assembleias). A isto não será alheio o facto de os parlamentos, por circunstâncias humanas e técnicas, terem perdido a corrida da produção normativa no actual estado de "motorização legislativa", reservando-se afinal pouco mais que o *"pouvoir d'empêcher"*. Só que não se vê bem como não incluir também nesta função de controle o judicial, pelo menos enquanto vigia da lei e da constituição junto do executivo, da administração, e do outro vigilante ainda, o legislativo, volvido fiscalizador geral de políticas. Este controlo judicial assim alargado não é, no fundo, inteiramente novo, podendo talvez ver-se já nas pretensões de controlo "constitucional" de um Althussius. Mas o controlo da constitucionalidade concentrado é sempre kelseniano.

Em conclusão: os poderes, não se confundindo com as funções, encontram-se historicamente ligados a elas, ao ponto de aqui e ali com elas mesmas poderem confundir-se. E os órgãos, exercitando uma ou mais funções, total ou parcialmente, constituem a vertente subjectiva de que as funções vêm a ser o lado material e objectivo, tornando-se os bastiões desses poderes que se querem autonomamente legitimados para o exercício de parcelas, facetas, ou manifestações do poder.

Mas, como já vimos, se esta linear estilização histórica nos permitiu entender melhor as relações entre os elementos em apreço, restam ainda algumas questões de fundo por esclarecer.

13.15. *Separação e Unidade do Poder*

Desde logo, porque Rousseau tinha alguma razão ao advogar (tal como, de certa forma viria a fazer Duguit) a incindibilidade essencial da soberania. Assim como o direito de propriedade, comportando direitos reais limitados, direitos sobre direitos, se sente, no caso, minguado e constrangido na sua *plena in re potestas,* assim também o poder convive mal com os poderes a que dá origem, mas que tem de suportar. E tal como podemos ver no direito das coisas um princípio da elasticidade ou da expansão dos direitos circunstancialmente vítimas de limitação, os quais sofregamente tendem para a totalidade dominial mal se vejam livres dessa incidental e como que anti-natural compressão, do mesmo modo veremos um poder único e total a sempre procurar alargar-se para impor a sua força exclusiva. E de igual forma ainda, nessa cobiça de infinito, também cada poder limitado e singular se lança, ávido, na invasão da esfera do vizinho, nessa sede inicial de se tornar poder dominante, para depois reinar só. Todas as histórias de todas as coligações, desde *v.g.* os triunviratos a tantas sociedades comerciais dos nossos dias, são histórias de alianças depuradoras, meticulosa e repetitivamente perseguidas até ao duelo final em que se revela um mundo demasiado pequeno para dois poderes. Como camponês que cada dia deixasse o marco das suas terras um passo a mais pela propriedade do vizinho adentro, ou como o onerado por uma hipoteca que arduamente labuta até dela se ver desobrigado e livre, cada poder, sediado em cada órgão, procura à sua media talhar o Estado, obter a primazia, e, no fundo, almeja a exclusividade. Cada poder, nessa luta, é imagem do poder uno, alimentada pela miragem do seu sonho.

Tudo estava aliás previsto. A luta pela liberdade possível através da máxima divisão do poder baseia-se precisamente na importância que para o poder tem a sua unidade. Não seria um meio apto a produzir uma respirabilidade do ar político se não contasse precisamente com a composição química desse veneno totalitário. Já Locke reconhece a vocação totalitária do Leviathã, da sociedade política, e estabelece inclusivamente limites à lei e a tudo o mais, considerando no estado de natureza o absolutismo do Príncipe. E afirma:

> "constitui uma experiência permanente o facto de todo e qualquer homem tender a abusar do poder que tem."

Organização e Controlo do Poder. Estado, Poderes e Separação dos Poderes   161

E Montesquieu é também peremptório, a esse respeito, condenando radicalmente a concentração de poderes.

Tal não prova directamente que cada poder tenda a invadir o terreno do outro. Mas toda a argumentação de um e outro dos autores a este propósito, se bem que tão diversos na essência entre si, todas as incompatibilidades levantadas como muros, todos os anti-poderes estabelecidos como contrapesos, e o próprio carácter temporário e por vezes electivo de alguns cargos, todas essas precauções claramente nos aparecem estabelecidas na perspectiva de que cada poder está irremediavelmente possuído da tendência para *"en abuser"*, desse irreprimível desejo de exceder-se.

A ideia da Santíssima Trindade parece dever ocorrer a qualquer um. Três poderes distintos, mas um só verdadeiro – o todo, o único, o Poder. Para o qual todos no fundo tendem, no qual todos convergem. Ocorrem as três modalidades do pensar jurídico de Carl Schmitt, e a teorização que, a propósito precisamente da Trindade, o próprio Duguit teceu.

Continua porém a faltar algo. E volta a pressentir-se que o método de investigação histórico-crítico de novo poderá ser de alguma valia, a exemplo do que sucedeu até agora para o esclarecimento da problemática *"orgãos – funções – poderes"*, assim ordenados desde o chefe aos seus *officiers,* até ao advento do constitucionalismo e à repartição dos poderes outrora reunidos no soberano mercê de doutrinas previamente adoptadas. Vejamos então, sempre sumarissimamente, algumas realidades constitucionais, assim historicamente entendidas. Uma pergunta deverá iluminar a nossa indagação: será que nessas diferentes épocas alguma vez terá ocorrido a rígida separação de poderes, completamente alheia a um poder dominante?

13.16. *Separação dos Poderes e Poder Dominante*

Trata-se ainda de esclarecer o problema do *poder* e do *político.* Também acerca destas questões nos parece útil a aludida metodologia, de claro pendor histórico.

Ao mesmo tempo que se proclama serem os poderes separados e iguais, a teorização dos regimes políticos, localizada noutra sede doutrinal, suficientemente distante para não parecer entrar em contradição com a primeira tese, mítica, intocável, fala-nos, por exemplo, em parlamentarismo e em presidencialismo. E, com estes ou aqueles matizes, acaba por dizer-nos que neste predomina, no Estado, o poder do executivo (chefiado por um presidente), e naquele essencialmente avulta o poder da assembleia legislativa. Flagrante incoerência, para não dizer contradição. Não se diga, também, como fazem alguns, que onde não existir separação de poderes haverá simplesmente uma sua hierarquização à sombra e sob o arbítrio do poder executivo, e, por vezes, do legislativo. É que tudo pode igualmente ficar ao livre alvedrio do judicial, e, por outro lado, tal pode suceder mesmo na situação de existência formal de separação de poderes. Hierarquização acaba sempre por estabelecer-se. Parece inelutável em tudo o que provém do homem, como o ilustram por exemplo os estudos etológicos. Já Locke afirma a preponderância do poder legislativo, considera o poder do povo superior a todos os do Estado, e não olvida a prerrogativa do monarca. E Montesquieu vê a necessidade de uma *puissance réglante,* que outra coisa não é que esse poder supremo, num passo muito esclarecedor quanto às suas preferências políticas. Assim, depois de ter eliminado a concorrência do judicial, esclarecenos:

> «Il n'en reste que deux: et, comme elles ont besoin d'une puissance réglante pour les tempérer, la partie du corps législatif, qui est composée des nobles, est très propre à produire cet effet.»

Diverso pretendente para a titularidade de uma tal função terão os defensores de um poder moderador, como, por exemplo, o da nossa Carta Constitucional de 1826, outorgada por D. Pedro. É óbvio que ele mesmo, enquanto rei, se reserva um tal poder.

Há casos em que o mito e a mistificação se desnudam. E, em suma, abundam os exemplos históricos de situações *(de facto ou de jure*) abertamente tidas como de poder dominante. Quando tal sucede, dada a divergência entre o princípio e a realidade, por vezes até reconhecida legalmente como tal, paralela e contraditoriamente com o dogma, quando tal sucede, dizíamos, o mito da separação de poderes deixa de ser só narrativa original ou palavra de ordem mobilizadora, para ser também ilusão.

Tal vem a suceder frequentemente. Mas não olvidemos a pergunta que há pouco fazíamos, acerca dos fundamentos históricos do carácter ilusório de uma rigorosa e não desequilibrada balança de poderes. Basta a enumeração de uns tantos casos paradigmáticos. Desde logo em França, cuja história constitucional é verdadeiramente o balão de ensaio destas matérias.

Nem precisamos, nós Portugueses, de consultar as abundantes e elucidativas obras gaulesas, nem sequer nos é necessária bibliografia especialíssima, esotérica, ou tão actual que a não pudessemos ainda encontrar. Tudo isto é susceptível, no fim de contas, de ser bem apreendido com uma releitura de velhos e bons manuais. Trata-se apenas de fazer as extrapolações necessárias. Recordemos o célebre *textbook* de Marcello Caetano. Aí consta uma relação das constituições francesas. Nenhum livro interessa se apenas diz o que vem noutros; não repetiremos, pois, o que facilmente aí pode colher-se. Depois de uma leitura atenta dessas diferentes situações historico-constitucionais (quem preferir a literatura francesa poderá, de entre múltiplos, consultar a *História das Instituições* de Jacques Ellul) pode facilmente deduzir-se qual o poder dominante em cada concreta ordem constitucional.

Detectar-se-á, naturalmente, um vai-vém de predominância, alternadamente parlamentarista ou governamentalista, com pontos de equilíbrio e de ruptura.

Além da análise dos textos e das realidades constitucionais concretamente vigentes, também a doutrina mais esclarecida se não tem cansado de afirmar (embora normalmente de uma forma algo incidental) que há poderes prevalentes.

Já o clássico Forsthoff, no Prólogo de 1949 ao seu *Tratado de Direito Administrativo,* faz questão de começar pela afirmação da soberania da Administração, mau grado o constitucionalismo e a sua divisão de poderes lhe terem imposto limites. Também Marcelo Rebelo de Sousa, ao aperfeiçoar a teoria de Marcello Caetano, o procura fazer introduzindo precisamente a noção de funções dominantes e funções dependentes. É que, no final de contas, sempre retorna a eterna e fundamentalíssima questão: "quem manda?"

No limite, a última palavra tem de pertencer a alguém. E sobretudo nas ocasiões excepcionais, em que as regras estabelecidas podem não servir. Trata-se de saber a que potência divina cabe o papel do milagre, isto é, saber quem detém realmente a "soberania", *hoc sensu*, pois esse é quem decide do estado de excepção. É a clássica e sempre actual lição de Carl Schmitt, logo no início da sua *Teologia Política:*

«Souveraen ist, wer ueber den Ausnahmezustand entscheidet.»

Jamais a ideia de equilíbrio pôs necessariamente em causa a de um ponto fulcral de sustentação de si mesmo. A mecânica não nos brinda apenas, nem sequer fundamentalmente, com equilíbrios instáveis. Esta enfatização da harmonia e da proporção, certamente entroncando, nos tempos modernos, nesse Renascimento que desenterrou e se maravilhou com os Gregos, dados à ordem por natural propensão para os extremos (como sublinharam um Kitto, e, mais criticamente, Gore Vidal), ganhou sem dúvida principal pujança desde o séc. XVI. Da ciência ao sentimento passou a ser lugar comum este princípio. É o equilíbrio de afectos da filosofia moral de Shaftsbury, é o equilíbrio da balança comercial, são as primeiras ideias do concerto europeu, é até a dieta equilibrada de J.J. Moser... Em todos esses e outros casos, o símbolo da balança readquire um prestígio de há muito olvidado. Foi num ponto de auge desse clima que Locke e Montesquieu reflectiram. Necessariamente aí foram beber alguma inspiração.

13.17. *Sociedade e História*

Dissemos que a separação de poderes é uma técnica de garantia contra o abuso do poder. Reparte-se este para que um só (e este um é já, evidentemente, pessoal ou colectivo) não venha a exagerar no seu exercício. Ora quando se trata de dividir apetecível bolo como esse, quais os candidatos com mais hipóteses na partilha? Não serão decerto os singulares indivíduos, por excepcionais que se revelem (com a excepção dos tiranos, *"proprio sensu"* que são sempre poucos e por vezes não duram demasiado). Antes de todos os pretendentes singulares se encontram normalmente os estratos sociais mais ou menos consistentes, as classes.

Com a era das revoluções que, começando com a Revolução Gloriosa, haveria de se expandir e impor um novo sistema, o que cada classe pretende é conquistar a primazia, isto é, o poder preponderante. Quer dizer, o bloco no poder, para utilizar a terminologia de Poulantzas, ante a perspectiva da separação de poderes, procura opor-se-lhe, porque dividir poderes será, em princípio, retirar-lhe poder; já a posição das classes excluídas ou marginalizadas do poder é a completamente oposta – interessa-lhes precisamente dividir para reinar. Diz aliás o povo, que "quem parte e reparte e não fica com a melhor parte...".

Todos os teóricos clássicos reflectem esta oposição. Ora é a defesa da unidade do poder e da supremacia deste face aos demais (se o que se pretende é defender um poder já constituído, ou em vias disso, contra ameaças limitadoras e desagregacionistas, como é o caso por exemplo de Bodin, cunhando a soberania contra as pretensões temporais do papa e dos senhores feudais); ora é a apologia ou a justificação da ascensão de um grupo outrora desligado do poder e que parcialmente a ele acede por via da divisão.

Locke era o justificador oficioso de uma revolução burguesa, do Terceiro Estado. Por isso sublinhou a preponderância do órgão--poder-função (parlamento, legislativo, função legislativa) em que tal classe preponderava, embora, obviamente, se não esqueça de outros actores da peça, nomeadamente do seu rei burguês, Guilherme de Orange.

Baseado nos escritos de Eisenmann, um dos primeiros a ter assinalado o carácter mítico da separação de poderes, Louis Althusser teve o mérito de divulgar eficazmente o carácter aristocrático da construção de Montesquieu. Depois do seu *Montesquieu, a Política e a História,* ninguém mais pode continuar a acreditar nos velhos preconceitos e nas velhas ilusões sobre o não empenhamento e a perfeição teórica de uma doutrina pretensamente revolucionária... Com efeito, defensor das velhas e boas liberdades senhoriais (muito *à la Fronde)* como forma de oposição e alternativa ao *l'Etat c'est moi,* desejoso de que as regiões e os notáveis deixassem a aviltante situação de súbditos na órbita de um Rei-Sol, o autor de *O Espírito das Leis* coloca o centro de gravidade do poder no legislativo, mas especificamente na câmara alta do parlamento, onde a aristocracia deveria ter natural assento por direito de sangue.

Eis, pois, como se comprendem as sucessivas interferências do social na separação de poderes – é que o fulcro dos novos poderes oscila consoante a classe dominante no plano social geral, a qual, como é bem sabido, nem sempre coincide com o bloco no poder, daí surgindo conflitos, que podem culminar em autêntica subversão da hierarquia do prestígo social, e outras mutações ainda. Recordemos o sucedido com a hierarquia das castas indianas.

Neste contexto agónico de ascensão e declínio sociais, de luta pelo poder e pela manutenção do poder, como surgiria, então, a separação de poderes? Naturalmente a partir da tomada de consciência, por parte de uma classe *(lato sensu),* o Terceiro Estado, ou, em certo sentido, a nobreza, da sua própria identidade, interesses e força, e da força concorrente ou oposta de outra(s), ou de uma instituição, a monárquica. Actuaria esta técnica não tanto com vista à limitação do poder como, potencialmente, à tomada do poder. E neste sentido, propondo-se um acordo, um pacto, uma *entente cordiale* na qual o poder em ascensão afinal se compromete a manter nominalmente ou pouco mais o poder que sente em declínio, a troco da confiscação das suas prerrogativas de base. Trata-se, essencialmente, de um processo bipolar (entre detentores

Organização e Controlo do Poder. Estado, Poderes e Separação dos Poderes 167

e pretendentes ao poder) diluindo-se embora o antagonismo dual numa repartição a três em que um dos parceiros fará o jogo do mais forte, ou fará as vezes de decoração, resíduo, arabesco lateral, ou paleativo a remover, enfim, entidade *en toute façon nulle.*

Consideramos, assim, dever distinguir-se entre uma separação de poderes que é uma ideia mobilizadora, uma palavra de ordem contra o absolutismo real e que traz consigo as aspirações burguesas ou aristocráticas (funcionando, portanto, como mito no sentido de bandeira ideológica), e uma outra separação de poderes, ulterior, que justifica um *statu quo* de pendor burguês (goraram-se entretanto as pretensões aristocráticas) e constitui, assim, uma história *contada* às *crianças e explicada ao povo* dos bons fundamentos do novo Estado e da revolução que o instituíu. Trata-se, neste último caso, de um mito no sentido de narrativa mágica, legitimadora da comunidade e dos seus poderes, texto ritual das origens.

Fica para nós clara a tridimensionalidade mítica da separação de poderes, cabalmente integrável nas categorias de Raoul Girardet. Consoante as facetas e as épocas, assim a separação de poderes assumirá cada um desses três rostos.

Mas a separação de poderes, tal como a temos vindo a considerar, embora possua um fundamento que diríamos natural (o qual, baseando-se na irreprimível e universal aspiração de liberdade dos indivíduos e das sociedades, em si desemboca, como já antes o fizera noutras formas de governo misto), é apesar de tudo uma ideia de uma época. Interessaria também averiguar como as sucessivas concepções históricas sobre o poder viriam a permitir que um dia uma tal noção viesse a surgir e a tornar-se famosa. Se há decerto um abrir de portas dos indo-europeus, quebrando tabus da unidade e ensinando que o fazer repartido, embora hierarquizado, é um fazer melhor, por certo se fazem sentir mais recentes contributos. A trifuncionalidade indo-europeia é aqui o princípio *de tudo...*

Aliás, nem a separação se poderes como palavra de ordem, nem a sua visão narrativa primordial acabariam por adquirir tanta importância como o sentido verdadeiramente ilusório que a expressão possui desde a sua reedição, revista e actualizada pelo liberalismo tradicional e romântico, apoteose teórica da burguesia. Os nossos dias conhecem assim essa separação de poderes existente e ilusória ao mesmo tempo, tríplice mito ainda, mas, como assinalávamos no início deste estudo, essencialmente mito-ilusão.

Já Aristóteles, Políbio e Cícero, para não dar senão exemplos clássicos, haviam começado por falar em vários poderes. Admitir a realidade desta variedade é o primeiro passo para o que visamos. Todavia, o sentido e a força sociais (com correspondência de classe) de tais teorias eram praticamente nulos. Sempre se falou de governo moderado ou misto, mas como se passa de uns sentidos para outros do mesmo mote, e, sobretudo, como se procedeu à recuperação dessa velha ideia?

Deve reconhecer-se que um tal processo foi conduzido de uma forma exemplarmente inteligente, o que explica o êxito que tem vindo a alcançar, ao ponto de mesmo os seus adversários louvarem *semanticamente* o novo princípio.

Com efeito, quem, hoje, de um modo ou de outro, não prega a distribuição de poderes, seja pelas vias normais do Estado central e unitário, seja através dás ideias de municipalização ou poder local, regionalização, descentralização, desconcentração, ou federalismo, para espaços mais amplos? Bem se sabe que estas fórmulas se não reconduzem à nossa específica categoria, mas são, de algum modo, fórmulas de, como dizia alguém, "não pôr os ovos todos no mesmo cesto". Além disso, mesmo os defensores de estados autoritários sacrificam formalmente, se não sempre à separação de poderes *qua tale,* pelo menos a muitos dos seus aspectos, desde logo numa perspectiva orgânica e de estruturação do poder. E sendo a separação de poderes um dos pilares do constitucionalismo, não deixa de ser interessante sublinhar-se que um dos primeiros e mais importantes cuidados de uma qualquer ditadura triunfante e em vias de se instalar por um lapso temporal razoável, seja o de dotar-se de uma constituição. Documento em que, além de liberdades e direitos nominais, constarão ainda normas de funcionamento de governos, assembleias e tribunais, com funções e formas de composição sem dúvida muitas vezes irreconhecíveis face às da tradição ocidental e liberal-democrática, mas todavia presentes. Como as palavras e as estrutruras persistissem, teimosas, esvaziadas de conteúdo útil, subvertidas no seu primitivo valor.

Mas voltemos aos primórdios e às formas ainda não corrompidas.

É sobretudo com Montesquieu que a separação de poderes alcança a fama. Para tal, concorreram situações ambientais, conjunturais, mas também o talento pessoal do presidente do *Parlement* de Bordéus. Para a ideia poder prosperar tinha por força que ser francesa, ou "afrancesada". Os Gregos e os Romanos eram velhos de mais; embora ficassem sempre bem, fossem de bom tom, eram sobretudo decorativos, e o século também precisava de apresentar alguma coisa de inovador, e de substancial... Os Alemães tornavam-se irremediavelmente prolixos e sempre idealistas (Kant também falará na separação de poderes, mas ninguém se lembra dele por isso, nem isso se recorda nele). Os Ingleses tinham o defeito de um pragmatismo excessivo, descolorindo os efeitos bombásticos de uma teoria, e para mais encerrados no castelo, *sweet home* da sua ilha, olhando o seu império mais do que o continente. Apenas os Franceses possuíam a trombeta encantada de arautos de ideias, uma língua conhecida e usada em todos os meios cultos da Europa, de Portugal à Rússia, um espírito de *philosophes* panfletários e uma crise suficientemente capaz de catapultar inovações para as primeiras páginas das Gazetas de todo o mundo. Em breve a sua fama de monarcómacos contou com o activo da cabeça de um rei, e não muito depois milhares de embaixadores fardados pregavam, das escaldantes areias do Egipto às estepes geladas da Ásia, por entre mortandades e latrocínios, o novo credo e a nova ordem. Se no início tinham sido os privilegiados cultos a interessarem-se pela nova moda de Paris, a propagação ideológica estava agora garantida pela via da anexação, da conquista, do *diktat,* e dirigia-se desta feita do centro para a periferia em ondas bem detectáveis. É verdade que a Revolução Francesa não se resume, de modo nenhum, à separação de poderes, mas o facto é que esse é um dos seus legados, e dos mais positivos. Entre os desvarios jacobinos e utopias de toda a ordem, entre o imperialismo napoleónico e a nova ordem bonapartista, na amálgama de ideias e correntes que se confundiram e foram sedimentando contraditoriamente nos seus próprios defensores, nas páginas compiladas dos teóricos e nas mochilas dos soldados do Corso veio também, confusa, mas atraente, insinuante como um perfume francês, veio também a separação de poderes. Estava garantida a divulgação da ideia.

13.18. *Montesquieu e a fortuna da separação dos Poderes*

Além da importância desta divulgação ambiental, há a parte que cabe a Montesquieu. Tinha ele elegância e inegável brilho estilístico, tinha influências, amigos, frequentava os meios em voga, era pitoresco, espirituoso, inteligente, legível. Acima de tudo, se não contarmos com o facto de que a sua mensagem agradava a forças poderosas em ascensão, o que foi essencial, expôs a sua tese com clareza e simplicidade, evitando completamente a polémica e usando o tom inatacável do descritivo. Em poucas páginas, em não mais que um capítulo da sua monumental obra *O Espírito das Leis,* sobre a Constituição de Inglaterra, forja as armas e edita os argumentos da sua doutrina da separação de poderes.

Apresentou, assim, o seu pensamento atribuindo-o a outros, mas não a quaisquer outros. Cobriu-se com a capa da responsabilidade alheia, mas soube igualmente coroar-se com os louros do imenso prestígio daqueles a quem referia. Falou não de teorias, sempre passíveis de refutação fácil, mas de pretensas realidades, e apontou o exemplo vivo, concreto, e nem sequer distante, de uma imaginária Inglaterra onde o poder seria tal e como o descreveu, nova terra prometida onde correria o leite e o mel.

Mais ainda, Montesquieu fez da separação de poderes não só uma realidade já existente, utopia realizada, mas também coisa natural, essencial ao ser próprio do Estado e absolutamente indispensável à liberdade dos cidadãos, de forma a que qualquer fuga a ela viesse a ser considerada como grave perturbação, perversão, corrupção ou desequilíbrio no cosmos. E nisso não andava nada longe da verdade. Nesta tentativa de identificar a separação de poderes com a ordem natural de todo o Estado poderá ver-se a causa próxima do art. 16.º da Declaração dos Direitos do Homem e do Cidadão e dessa expressão liminar exclusora "... *n'a point de Constitution*.".

Montesquieu faz ainda mais. Ao citar, na França de então, a contemporânea Inglaterra, transporta o leitor para um país de sonho, um *brave new world* de prosperidade e liberdade. A afirmação do carácter natural e "constitucional" da separação de poderes, forma própria da estruturação do Estado, é um elemento mítico, remetendo para origens e essências primordiais; ao apontar o exemplo estrangeiro da doirada Inglaterra, eis-nos no domínio do utópico.

Mito, afirmação do que sempre foi, ou do que foi numa Idade do Oiro, do que, antigo, é próprio das eras matinais e sem corrupção, e utopia, desenho do que deve ser, cidade ideal sonhada: e mito e utopia são duas forças políticas muito consideráveis e atraentes. E o caso aqui é ainda mais interessante. É que os dois elementos convivem na separação de poderes tal como Montesquieu a apresenta. Daí a sua força potenciada. Eram, com efeito, os dois condimentos tradicionalmente aptos a conquistar a adesão de conservadores e progressistas, homens do passado e homens do futuro, comungando na recusa do presente. A receita teve plenos resultados. E com o aplauso de uma aristocracia que desejava a divisão de poderes para readquirir o poder perdido, e de uma burguesia a almejar o poder jamais possuído, se foi expandindo e firmando a fama de uma teorização na qual cada um via o que desejava, tal como nas narrativas míticas cada um interpreta a seu modo e delas extrai uma moralidade a seu talante. Donde também o próprio equívoco a propósito de Montesquieu, louvado por gregos e troianos durante muito tempo.

Nesta génese engenhosa, necessariamente havia de resultar uma confusão, porque não basta a vontade de acreditar no valor *pro domo sua* de um sistema; é preciso que ele contenha em si mesmo alguma ambiguidade. E detecta-se, de facto, alguma imprecisão neste sistema. Entre poderes e funções do Estado não há, aqui, um contraste nítido. O que Montesquieu pretenderia (uma vez libertos nós, intérpretes, dos preconceitos que nos antolharam durante muitas décadas), parece não ser difícil de esclarecer. Com o argumento da naturalidade e do exemplo inglês estava a nosso ver em causa essencialmente a vontade de que o poder moderasse o poder, isto é, que a classe aristocrática, através da função legislativa e do exercício de um poder dominante, designadamente sediado na câmara alta do parlamento, se sobrepusesse aos demais, designadamente aquele que, na época, constituía o inimigo principal, o órgão Rei, e a sua burocracia de acólitos. Evidentemente, esta é apenas uma simplificação muito decantada dos objectivos visados, mas, no essencial, o fito seria este.

Nesta linha, fala Montesquieu em funções (as quais parece sempre existirem) misturadas com órgãos e poderes. Aproveita-se da natural distinção inter-funcional para, *uno actu,* a ligar à divisão de órgãos (e dos seus titulares), falando em poderes mesmo, mas no plural, para que ninguém cuidasse deter o Poder. Curiosa táctica e interessante retórica (expositiva e conceitual). O nosso autor tem que conviver com demais candidatos a um poder predominante. Daí a sua subtileza e a sua argúcia.

13.19. *"Caminho da Servidão" (Hayek)*

Dada esta génese, a separação de poderes confronta-se é com a pulverização do poder. Técnica de liberdade, é ela igualmente táctica de revolucionação, isto é, de desorganização, ao menos momentânea, do poder constituído. Daí o elemento de anomia que sempre, mais ou menos, se pode observar na sua prática. A permanente luta pelo poder supremo oculta-se por detrás da

Organização e Controlo do Poder. Estado, Poderes e Separação dos Poderes   173

boa intenção de um poder travar um outro poder. A separação de poderes, colocando a tónica na divisão de funções do Estado, mas sempre mais ou menos pretendendo (desde o início) preenchê-las com conotações de classe, produz das mais nocivas anarquizações do aparelho governativo. Mesmo nos nossos dias, persiste em muitos círculos uma identificação psicológica do governo com o velho executivo real, independente do povo, uma certa ideia do parlamento como areópago burguês, palrador e negociante ou retórico-forense, ficando reservada para a aristocracia a função não directamente candidata ao exercício do Poder, a judicial, a única que não deriva do nascimento ou da eleição, mas decorre de uma formação: afinal decorrendo de uma *auctoritas*.

Não esqueçamos, entretanto, que a luta da burguesia pelo exercício do poder político corresponde a um grave passo na inversão de valores da estrutura indo-europeia. A ordem burguesa, o estilo burguês são por excelência o contrário dos valores políticos, dado que – como já aflorámos *supra* – "a burguesia nunca soube o que fosse governar" (Carlos Eduardo Soveral, A *Nostalgia de Hesíodo*). Eis, então, o mundo às avessas, no qual a base da tradicional pirâmide social se inverte e faz as vezes de vértice. Com os produtores e fruidores a mandar, a sociedade não pode deixar de ser invadida pelos valores mercantis.

Quando, na Revolução Francesa, a boca (a burguesia), aproveitando o estrebuchar dos membros manietados e já algo inertes (o descontentamento aristocrático, dos descendentes dos velhos guerreiros) face à hegemonia sufocante (macrocefalia) do cérebro (o absolutismo real) instituíu o constitucionalismo, sabia que ao transformar os Estados Gerais (com três votos, um para cada uma das três ordens) em Assembleia Nacional se estava a hipertrofiar, cometendo-se função acima das suas possibilidades. A máscara assustada, horrorizada mesmo, do único deputado refractário ao juramento da casa do jogo da péla, retratado com mestria no quadro de David, é a proficiente ilustração do *horror vacui*, do horror ao vazio de poder em que realmente se estava prestes a cair.

A burguesia intelectual dos juristas, formada no panfletarismo filosófico, confiava que a parcela de soberania que o jurídico ainda comporta poderia ser bastante para substituir o mágico-político das antigas investiduras de direito divino. Não olvidemos que a primeira função tem duas faces, a sagrada e a profana... É nessa inconsciente fé dos juristas burgueses na vertente laica da primeira função que entroncam as teorias juridicistas do constitucionalismo, substituindo a Bíblia pela Constituição, a Graça e a Bem-aventurança no Além pelos Direitos na terra, e a omnipotência de Deus Uno e Trino pela separação de poderes. Aí entroncam longinquamente também aqueles que começam por banir do Estado a política enquanto função. Cria-se então um substituto das três funções, radicadas em grupos sociais. E a função que, para Montesquieu, não tem raízes sociais vincadas, dado defender ele o julgamento do réu pelos seus pares, essa função é dita nula.

Ora as funções criadas pelo constitucionalismo (que não são sequer as de Locke, bem mais fáceis de entender – legislativo, para a burguesia; executivo, federativo e prerrogativa, do rei, incluido-se o judicial no executivo) pretendem ser racionais, nada tendo a ver com o mítico, irracional, ou "livre" que era o político. E, é claro, no liberalismo de então também nada as aproximava do económico (matéria reservada aos particulares pelo *laissez faire)* ou do bélico, este último considerado "actividade extraordinária do Estado" pelo póstero Jellinek.

Durou contudo pouco o mito da burguesia no poder como simples garante do livre jogo da sua concorrência intestina no plano social e sobretudo no mercado. A política burguesa apenas como polícia e finanças é também um mito, porque os intervencionismos sucederam-se. Cedo também se começou a detectar que o mito se quebrara e que o político, a decisão da força e da arbitragem dos conflitos, da direcção suprema do Estado, o próprio cerne deste, aí vinha a galope, perturbando a paz. *Chassez le naturel...* É que mesmo num Estado dominado de facto pela economia e verbalmente pelo direito (volvido molde apto a embalar um qualquer conteúdo), a função política, soberana, que lhe é própria, não pode passar despercebida como função dominante entre os indo-europeus, por mais que dela se queira abdicar. Foi o que todos os mais lúcidos teóricos a breve trecho vieram a concluir, mesmo desconhecendo as teorias sobre os indo-europeus.

Prossigamos, assim, na análise desse evoluir da sociedade pós-revolucionária e da paralela teoria das funções e dos poderes do Estado.

No período liberal, de mais perfeita (ainda que não integral) identificação prática e teórica das funções do Estado com as funções jurídicas, apesar da falta do político, dominava ainda o direito, e, apesar de tudo, podia dizer-se que o Estado se abrigava sob o manto protector de Júpiter, senhor da primeirda função indo-europeia.

Significativamente ficavam de fora, na visão de Jellinek, as actividades extraordinárias do Estado, desde logo a guerra (e a política externa, também; talvez porque da diplomacia se disse, como de resto da política, ser a continuação de guerra por outros meios). Era Quirino, disfarçado de Júpiter, expulsando Marte, demasiado incómodo para a prosperidade dos negócios.

Parece não haver dúvidas que se procurara abarcar, numa segunda fase, o que dificilmente seria englobável na pureza rigorosa das teorias: a Administração e os seus múltiplos actos materiais (que parecia não caberem na teoria de Kelsen), e a jurisdição (que mal se enquadrava na de Duguit), e o puramente político (que não se ajustava nem sequer ao ponto de vista de Garcia Pelayo). Administração, jurisdição, política eram atributos também de soberania, primária esta, de segundo grau aquelas duas, talvez. Mas sempre foram o que cabia na função única do Estado. Isso foi o que as teorias liberais, mesmo as mais tardias e avisadas, não foram nunca capazes de fazer corresponder cabalmente à sua lógica, presas como sempre estiveram ao dogma de um mítico Montesquieu. O mais que conseguiram foi concluir que todas estas três funções eram matéria do executivo.

Evidentemente, cabem no executivo a função administrativa e a política. E, sobretudo para quem pense que no Estado só há

176 *Política Mínima*

criação e execução do direito, não há dúvida que aí também se encontra o judicial. De resto, se, seguindo por exemplo Gaudemet, aceitarmos que só há poder de acção (governo e execução) e poder de controle (legislativo), também assim será, em princípio, apesar da aludida possibilidade de o judicial também ser um sistema de controle (e aliás também pode ser de criação...). Mas, afinal, pouco se avança.

Por alguma razão – compreende-se agora – foi Odin a Odin sacrificado durante nove noites. A essência do político só poderá ser compreendida com o sacrifício do próprio político? Só lhe damos o valor quando nos falta? Fosse como fosse, o deus nórdico ficou a ganhar, ganhou sabedoria, diz o mito. E que ganharam os doutrinadores com o definhar da política? Alguns apenas o terem alinhado pelo economicismo ou sociologismo imperantes, entrando para o rol dos pretensos cientistas sociais. A atracção pela cientificidade toldou-lhes muitas vezes o discernimento, e quantas vezes passaram à semi-inutilidade de coleccionadores do óbvio, ou à inutilidade completa de tecelões de confusas teorias.

O que, entretanto, importaria averiguar seria porque subtil raiz indo-europeia mais ou menos inconsciente os teóricos mais argutos e esclarecidos, mesmo no breve período de pura juridicização do poder (ainda assim um não completo vácuo), sempre de uma forma ou de outra procuraram não excluir do Estado os atributos do primeiro deus do panteão, banindo de bom grado os dos demais. Julgamos que a razão para tal decorre menos da vontade dos teóricos que da força dos factos. Como excluir do Estado a soberania, como tirar o poder ao poder, como sacrificar Odin a outro deus que não seja o próprio Odin?

O político regressa ao Estado. Só que as virtudes políticas, aliadas às religiosas (sacrifício, até ascetismo), intelectuais (amor da sabedoria e, portanto, demanda da verdade), que lhe são vizinhas, acabaram por dar lugar às virtudes especificamente económicas (misto de risco e prudência, a resultar no impasse, na volubilidade, ou no oportunismo) com a preponderância da burguesia.

Organização e Controlo do Poder. Estado, Poderes e Separação dos Poderes 177

Mesmo findo o liberalismo "clássico", mas não terminada a fortuna da classe que dele foi o esteio, proteica mais que todas, o Estado exerceu insofismavelmente funções não jurídicas. Mais: passa sobretudo a ocupar-se das económicas. Como se o burguês, maçado até ao tédio pela falta de actividade no governo, tivesse resolvido para aí transferir o conselho de administração das suas empresas.

13.20. *Estado economicista, de partidos e mediático*

No Estado contemporâneo observa-se uma poderosa e irresistível cavalgada do poder dominante. O económico, uma vez instalado na governação ao ponto de toda a escolha política ser não só um problema de mercado como sobretudo uma questão de *marketing*, não tem parado de alargar a sua preponderância. As chamadas "indústrias da cultura", a par dos *media* normais, já ocuparam o bastião de liberdade e individualidade que era a esfera do pensamento e da criatividade, impondo os seus produtos pelo oligopólio e pela propaganda, e a educação tornou-se um modo de adiar a entrada dos jovens num mercado de trabalho saturado, completamente alheia aos seus fins, degradada, ao serviço da técnica produtivista, e, por omissão ou acção selectiva, ao serviço dos economicamente poderosos.

Um outro fenómeno dominante do Estado contemporâneo é a sua vinculação aos partidos.

Tudo na luta do partidos (por vezes a própria confrontação física, felizmente com frequência sublimada por palavras) se assemelha aos confrontos das hostes militares. O que é um partido (sobretudo se bem organizado) senão um exército? Que dizer da sua hierarquia, da táctica, da estratégia, dos avanços e das retiradas, das declarações de guerra e dos pactos de paz, das alianças, das traições, das deserções? Quanto no vocabulário e na simbologia eleitoral não pertence ao domínio bélico! Ele são vitórias e derrotas, são também as tréguas da oposição de S.M., são hinos que tornam mais curtas as longas marchas, são bandeiras desfraldas aos ventos da história, são cartazes que tocam a rebate pela mobilização partidária como o pontiagudo dedo do tio Sam nos requisitava militarmente, dizendo: *"I want you"*.

Uma vez alcançado o poder, todos afirmam ter uma perspectiva de Estado, nacional. Ou identificando misticamente o seu partido com o Estado e o Povo, ou afirmando que, doravante, conta o geral e se põe entre parêntesis o particular (e partidário). É esta segunda versão de longe a mais corrente nos nossos dias. Analisemo-la por um instante a esta luz mítica.

Trata-se da metamorfose generalizada do guerreiro em político (o político tradicional, normalmente cooptado, nomeado ou hereditário, luta é pela preservação do poder, na maioria dos casos), que já Aristóteles parecia advogar (depois da força virá a ponderação), e que tem a sua expressão mítica mais comum no mito de Cincinatus, e a mais acabada imagem plástica no mármore de Houdon representando George Washington. Simplesmente, na visão tradicional troca-se a espada pelo arado, só subsidiariamente e *in extremis* pelo bastão do poder civil (o ceptro). Já neste movimento geral o que está em causa é a bem célebre "continuação da guerra por outros meios". Ter-se-á por certo concluído que a melhor maneira de dominar é fingir que se não domina, e que aos arietes e bacamartes d'outrora sucediam mais eficazmente as *boîtes de Communication* e as promessas eleitorais. Em vez da invasão e da redução à escravatura, ou o lançamento autoritário dos tributos, a democracia e a legalidade, o discurso legitimador e a legitimação pelo procedimento. Uma questão de subtileza...

É curioso, porque no actual sistema o *cursus honorum* é irreversível e único: entra-se num partido para chegar ao poder, o que se não pode confessar; permanece-se no poder enquanto se controla o partido, o que é igualmente indizível; e entretanto tudo se faz para, no poder, esconder o partido, como o usurpador que lavasse permanentemente as mãos outrora maculadas pelo sangue do rei legítimo, ou vivesse mudando de esconderijo para esconderijo a inculpadora adaga do crime. Parece que a função guerreira sempre incomodou a soberana. Excepção feita de casos de totalitarismo não escondido.

O terceiro fenómeno que compreende os parâmetros clássicos é o poder dos *media*, e especialmente da televisão. Mas desse já fomos falando ao longo deste livro. E nem é bom falar muito dele.

13.21. *Balanço de Poderes*

O Estado é sobretudo o mundo da política, embora aí estejam presentes também outros relevantes aspectos da vida, de entre os quais se devem destacar o Direito e a cultura. No Estado não parece caber muito naturalmente a Economia, e a guerra é uma situação por definição extraordinária. A teorização de Jellinek, nas suas grandes linhas, estaria, assim, quase só incompleta.

Ao contrário do que pretendia fazer crer Montesquieu, não é *natural* que o poder esteja organicamente dividido. Pode ele residir na sua sede normal, a soberania, ou pertencer, anomalamente, aos senhores da guerra ou aos homens de negócios. O que logicamente pode dividir-se (mas – como é evidente – desde sempre pôde, mesmo antes do período histórico da separação de poderes) são as funções do Estado.

A complexidade das hodiernas tarefas estaduais (mesmo as normais, tradicionais) e razões históricas e psico-sociológicas que seria muito longo enumerar, enfim, as peculiaridades da existência actual, dão todavia como adquirido na nossa sociedade o princípio da separação de poderes. Tal princípio deverá ser entendido como um processo de complementaridade e articulação entre órgãos gozando de legitimidades próprias e funcionando como parciais detentores de uma ou mais funções do Estado (definidas estas a partir de critérios substanciais, de que as *reservas* serão o decantado fruto). Mas a separação dos poderes afigura-se molde institucional e princípio da maior relevância e oportunidade *a todos os níveis* da manifestação do poder num Estado de Direito democrático, como forma de, travando o poder ao poder, se evitar o abuso do poder. A qualquer nível, em qualquer instituição.

Parece, entretanto, que a várias vezes apercebida omnipresença do político, se na realidade influi directamente nas opções do legislativo e indirectamente nas decisões do judicial, fundamentalmente existe, hoje, ao nível orgânico no Governo. Porque neste órgão coexiste a política pura (prerrogativa, poder moderador – que não deixaram de se fazer sentir na prática), poder federativo (Locke), poder executivo, função administrativa, função legislativa (decretos-leis). Ou seja, porque é ele o mais bem posicionado para exercer no Estado a possível imagem actual do deus-pai de plenos poderes, tende actualmente a pensar-se (e a ocorrer) (n)um governo detentor de um poder dominante. Nem sempre se confessa este facto.

Razão havia para a desconfiança parlamentar e judicial face a um tal órgão, nele vendo nada menos que o sucessor daquele execrado executivo monárquico e absolutista *à abattre*. Mas razão apenas parcial, por motivos diversos dos assumidos. Hoje o governo só é um perigo para os demais órgãos porque pode fazer muito, fazer demasiado e, nessa fúria de a si próprio se pôr à prova, pode muito bem transpor o *limes* da reserva de lei ou do juiz. Só que, nesse caso, qualquer deles se deverá legitimamente insurgir, embora subsista o problema da arbitragem de tais conflitos, tudo redundando *in extremis* numa questão de força.

Acresce que, como é por demais patente, a legitimação eleitoral dos governos actuais (através da de um presidente da república ou de um parlamento, de ambos, ou, hipoteticamente, pela via de eleições directas) é a mesma do legislativo, dado o actual sistema de partidos, praticamente detentores do monopólio da representação. E também o judicial disso sofre consequências. Toda esta situação atenua enormemente (se é que não subverte por completo) a separação de poderes, mas pode tranquilizar os mais receosos, já que um governo maioritário dificilmente virá a ser acusado de exorbitar os limites do seu poder por deputados cujo mandato seguinte dependa da submissão face aos chefes políticos que, como é uso, serão também os chefes do executivo. Apenas a oposição clamará no deserto.

Organização e Controlo do Poder. Estado, Poderes e Separação dos Poderes 181

Apesar desta grave perturbação na separação de poderes e nas próprias garantias dos cidadãos, que do dia para a noite se podem ver perdidos pelo conluio mais que natural entre um governo autoritário e uma assembleia majoritariamente dócil, cabe ainda ao judicial uma palavra, se for capaz de, como lhe incumbe, desempenhar as suas funções livre das pressões facciosas e das seduções corruptoras. Livre também do preconceito da populari-dade das suas sentenças, isto é, alheia e indiferente ao sufrágio da oscilante opinião pública, a qual, lamentavelmente, não raro não passa da *opinião que se publica* – ou se exibe.

Além disso, se o governo deve governar, qual o papel da outra grande função primariamente política, a do Parlamento? Não exclusivamente legislar, nem legislar *legislação* que não seja direito, mas simples administração em forma de artigos. De resto, não pode hoje caber ao parlamento o exclusivo da normação. E, desde logo, tal lhe não pertence se entendermos como legislar não apenas a aprovação dessas normas jurídicas grandiosas e vocacionalmente perenes imperativas, gerais e abstractas, com dignidade material de Lei, como é, por exemplo, um Código Ci-vil, mas ainda a edição de um sem número de medidazinhas avul-sas, desarticuladas e temporárias. Umas decerto indispensáveis a pequenas manobras do leme da governação, mas outras pouco mais que bizantinices mesquinhas, que tornam o mundo irrespirável e povoam os jardins da existência de letreiros que nos proibem pisar a relva, mandando-nos simultaneamente perguntar o conteúdo da tabuleta ao polícia mais próximo, no caso de sermos analfabe-tos [o exemplo é verídico]. Evidentemente, estas "normas" devem caber à Administração, se úteis, e a ninguém se nocivas – porque parece não poder existir o *tertium genus* das inúteis, sendo a inu-tilidade imediato factor de nocividade.

Tem o rigor que distinguir, assim, o que é Direito e o que é mera legislação, ou regulamentação, ou até acção sob a forma do imperativo escrito e publicado na folha oficial. A prática tem demons-trado que o parlamento não possui meios de qualquer natureza para tratar dessas questões técnicas e dessas minudências burocráticas. Assim, a menos que se detectasse a essencialidade de um qualquer desses problemas visivelmente procedimentais ou técnicos, a menos que por um papel ou um carimbo estivessem em perigo valores eminentes, e ante a recusa ou a demora da Administração, a menos que isso sucedesse, deve o parlamento ser liberto de tais funções, como já em certa medida está. A administração possui muito melhores meios para resolver tais problemas. Contudo, não pode o legislativo passar um cheque em branco ao governo. Não raro a complementação e a regulamentação subvertem por completo a vontade do legislativo. Não são só os prazos que se não cumprem, por vezes. Há casos de verdadeira inversão do conteúdo útil das normas.

13.22. *O mito da Separação dos Poderes*

O facto de que, ao longo dos tempos e das posições políticas ou teóricas, a separação de poderes ter significado coisas muito variadas e até opostas tem-se reflectido quer na fama do conceito, quer na sua delimitação. Na verdade, se tanto é separação de poderes, para uns ou para outros, ora um sistema de controlos jurídicos e políticos de cariz inter-orgânico, ora apenas a distinção entre funções no ou do Estado, ora um certo equilíbrio entre entidades intra- ou extra-estatais de diversa índole, (ao ponto de o conceito se subsumir, corrompendo-se, nos de desconcentração, descentralização, regionalização, etc), ora o estabelecimento de órgãos estaduais tendencial ou totalmente monopolizadores de certos tipos de actos, mais ou menos independentes, e cujos titulares ficam sob a alçada de incompatibilidades mais ou menos rigorosas, se assim é, e se a cada teoria corresponde uma razão de ser e não apenas uma fantasia de um espírito geométrico, então a separação de poderes é mesmo *um mito*. Um mito e não um dogma religioso, estabelecido por um concílio de uma vez por todas. Um mito porque, se por vezes a separação é funcional, outras orgânica, outras social, outras teleológica, se tanto é horizontal como vertical, tanto pessoal como territorial, tanto rígida como flexível, e se existe entre poderes como intra-poderes, sendo quer sincrónica quer diacrónica, então é sobretudo uma voz, uma palavra dos deuses, algo que com ser dito, pela simples magia do significante, transcende os significados e directamente comunica com as profundezas da *psique*.

Ao possuir como mitemas iluminadores tópicos tão diversos (mas latamente tão consonantes) como os de governo, ou sociedade, ou constituição mista, balança de poderes, freios e contrapesos, ou o primado da lei e a supremacia do legislativo, a separação de poderes, em cada momento concreto, deles ganha, numa sincrética pré-compreensão, uma riquíssima faceta multicolorida, numa policromia de contrastantes versões.

Não é contudo preciso fazer conviver o Rousseau mítico dos epígonos na populosa e dasavinda família da separação de poderes.

Para além do anti-mito da anti-separação dos poderes em Rousseau, há outras criticas:

"Uma teoria antiquada" (Loewenstein), ou mesmo, para os defensores de totalitarismos, uma "instituição característica da decadência liberal", princípio "infectado de tanta imprecisão e inconsistência", ou ainda, noutra perspectiva, bem diversa, "um dos mais confusos" (G. Marshall), "complexa amálgama de ideias" ou "expressão (...) equívoca" (Nuno Piçarra), "teoria artificial" (Duguit), "esquema provisório" (Finer), ou, na interessante expressão de Robsoni,

> «antique and rickety charriot...so long the favourite vehicle of writers on political science and constitucional law for the conveyance of fallacious ideas.»

– eis umas tantas frases lapidares com que os estudiosos nos têm dado um eco da *selva oscura* em que consiste o tema.

Se se disser que estamos perante um "princípio do Estado constitucional", como em Otto Mayer, ou ante a "essência da democracia", como em Bortolotto, ou se se distinguir mesmo entre uma divisão de poderes "como facto" e uma outra como "programa político" como em Zippellius atinge-se a tranquilidade de quem lê um tratado, e nada se tem a temer ao virar da página. Mas que dizer quando um Jacques Ellul vem considerar, a propósito, o poder "muito vago", quando um Packet afirma que os factos contradizem a teoria, quando um Kaegi fala na simplificação, racionalização, logicização e, finalmente, na dogmatização dessa separação de poderes clássica de Montesquieu, sente-se alguma coisa a mudar, um pouco como o chão a fugir-nos debaixo dos pés.

O pior está para vir. Abertamente e sem pudores falsos, eis que podemos ler já em Passerin D'Entreves ser a separação de poderes nada mais que uma "abstracta dedução de um esquema preconcebido"; Duguit, como vimos, afirma a artificialidade de tal teoria; Magiera pensa que o conceito é "pelo menos, equívoco" E é ainda Loewenstein quem, além de considerar o princípio coisa do passado, lhe atribui a qualificação de "um dos dogmas políticos mais famosos".

Todas estas posições são prenúncios, mais ou menos abertos, de uma confusão que faz pender a categoria em causa, precisamente nessa sua estranha e contraditória integralidade, para o campo dos mitos.

Paradigmática desta aproximação é a dualidade de expressão sobre o problema patente em alguns autores, dualidade a que não é mesmo estranha uma certa gradação. Loewenstein, Lucas Verdú e Murillo de la Cueva podem servir-nos como proficiente exemplo.

O primeiro começa o seu capítulo partindo de uma posição ainda admissível no terreno do léxico esperado neste tipo de, prosa: fala no carácter antiquado da teoria. Duas linhas abaixo, ainda contido, sem abandonar por completo o seio aconchegado das palavras permitidas, diz tratar-se de um dogma. Ora o dogma, como vimos, é de origem mais religiosa que mítica, e encontra-se laicizado, sobretudo se se trata, como é o caso, de "dogmas políticos". O autor resvala para o vocabulário mítico a olhos vistos. O que era dogma político apenas será tido como algo que se con-

Organização e Controlo do Poder. Estado, Poderes e Separação dos Poderes 185

sidera "o *mais sagrado* da teoria e prática constitucional" [grifámos]. Ora o sagrado, esse indefinível *ganz Andere,* é indiscutível terreno mítico. Entre as duas afirmações não medeiam dez páginas.

Também aqueles dois autores de língua castelhana e mais nossos contemporâneos, não escapam a um duplo registo do discurso: o usual da teoria juspolítica, consciente e lógico, no plano da acção científica do *logos,* a par de um outro, irreprimível, que procura analogias mais profundas e que não é justificado ou argumentativo, mas simplesmente se mostra, revelador. De igual modo, começam aqueles autores por uma focalização clássica. Mas nela vai já a anunciar-se uma ponte para mais comprometidas asserções. Ainda aqui, a passagem é propiciada pela expressão "dogma". Assim, a separação de poderes começa por ser "um postulado, um princípio dogmático do Estado constitucional liberal". Mas, por curiosa coincidência, no espaço de cerca de dez páginas, hão-de encontrar-se outro género de aproximações ao tema. Primeiro, considerar-se-á estarmos face a um *"emblema* da *imaginação* política euro-atlântica contra a opressão" [grifámos], o que claramente aproxima o conceito do símbolo, e da vertente mítica que dá o mito como bandeira, ideia-força. Mais adiante, novamente com um intervalo de cerca de dez páginas, refere-se mesmo um "processo de desmitificação", o que vale por confissão de que, ao menos em parte ou em alguma versão, se está perante um mito.

Outros autores, furtando-se embora à utilização de expressões de patente vizinhança mítica, enunciam descrições do estado do conceito que, por vezes, diríamos estar perante uma linguagem cifrada que pretendesse traduzir o mito sem expressamente no-lo nomear jamais. Tendo sempre presente a noção adoptada de mito, como negar tal qualidade a "uma abstracção do passado, um ideal do seu tempo e um programa para o futuro", nas palavras de Ranke? Aí estão as três modalidades míticas de Girardet. A abstracção do passado é a narrativa mítica das origens, o ideal é a ideia-força mobilizadora, naturalmente, e o que se coloca como programa para o futuro não é senão o carácter ilusório do mito.

Do mesmo modo, também a citada frase de D'Entreves pode ser a definição das utopias, mundos geométricos deduzidos de um *a priori*. E sabemos como a utopia é uma forma particular de mito.

Mesmo expressões aparentemente inóquas podem encerrar, no plano descritivo, um ou mais elementos da tríade mítica. Assim, que outra coisa senão o mito-ilusão quererá significar este sucinto parágrafo de Mirkine-Guetzévitch:

> «in effetti, la separazione dei poteri non è mai esistita e non puó esistere in una democrazia.»?

E não nos parece que, aqui, o mais importante seja a delimitação no caso concreto da democracia, antes a questão da universal inexistência. Trata-se, de resto, da mesma questão da diferença entre realidade e ficção já posta por tantos outros, de que citámos Duguit e Packet. Por curiosidade, registe-se que Mirkine-Guetzévich medeia apenas duas páginas entre a afirmação citada e uma bem enfática aproximação dos referentes míticos. Escreve ele:

> «Ma la formula stessa della separazione dei poteri aveva acquistato nel 1789 una potenza magica»[grifámos]

Pode afinal dizer-se que da descrição por um autor das vicissitudes da separação de poderes à sua consciencialização do carácter mítico daquela, e à afirmação, mais ou menos explícita, de tal facto, pode não ir muito.

Mas continuemos com os testemunhos. Algo de muito semelhante ao que sucede com o autor que acabámos de citar pode encontrar-se em Luigi Rossi, que assim começa a sua análise do que chama "divisão de poderes":

> «E' noto che, nella divisione dei poteri [...] la parola non corrisponde alla cosa: la 'divisione dei poteri' non è divisione dei poteri. Questa, intesa alia letera, non esiste, non è mai esistita, e non puó esistere.»

Organização e Controlo do Poder. Estado, Poderes e Separação dos Poderes   187

E o mesmo autor prossegue, considerando terem sido precisamente as desencontradas teorias e práticas constitucionais que sucessivamente usaram o termo, ao ponto de a fórmula ter sido "privada de base real". Opondo-se, num dos sentidos possíveis, ao real o ilusório e o próprio mítico, aí de novo o encontramos.

Já claramente nos apercebemos que a grande maioria dos que nos dão achegas para a classificação mítica da separação de poderes o fazem pela via da declaração da sua inexistência, ou das suas insanáveis contradições teórico-práticas, o que é praticamente a mesma coisa. É essa ideia da separação de poderes como mito-ilusão que está presente nos críticos do liberalismo e da democracia ocidental.

Assim, Mussolini afirmara, com efeito, diante duma assembleia de magistrados italianos que, na sua concepção "não há divisão de poderes no âmbito do Estado". Mas até aqui ainda há uma mistura do ser com o dever-ser. Já, contudo, Foderaro, na mesma linha fascista, considera o princípio sepulto e declara o "fim do dogma". Ora Michele la Torre, escrevendo dez anos antes, havia já afirmado, imbuído de um espírito semelhante, mas olhando mais as realidades que os desejos, revelarem os factos ser impossível um equilíbrio entre os poderes, dando assim por ilusória tão importante premissa da construção *sub judice*.

Do mesmo modo, após uma análise e de uma classificação dos teorizadores revolucionários e dos teóricos juspolíticos mais modernos no ocidente, o investigador jugoslavo S. Sokol conclui que, com a excepção da corrente representada por Rousseau, Condorcet, Robespierre e Saint-Just, nenhum dos grupos de autores considerados "conseguiu ultrapassar suficientemente o princípio da divisão do poder, que é um dos fundamentos das suas interpretações científicas". E conclui significativamente este autor do então chamado "bloco socialista":

> «[...] eles não souberam ultrapassar o princípio da divisão do poder por razões ideológicas de classe: é para eles um axioma que este princípio garante a democracia política.»

Aqui há mito-ilusão. Mas, tal como na perspectivação de um Foderaro já se pressentia, vislumbra-se a possibilidade de daqui deduzir que a separação de poderes é um mito-ideia-força, isto é, algo de muito próximo de uma ideologia ou de algum dos seus componentes. Ora, se o italiano afirma que *"l'origine della teoria é prettamente politica"*, o estudioso jugoslavo explicitamente aduz razões ideológicas dessa consciência na sua opinião falsa ou desvirtuda. Em ambos os casos se estaria diante de uma espécie de cortina de fumo falseadora da realidade, uma ilusão criada a si próprio e aos outros por preconceitos ideológicos. Os quais, obviamente, só podem decorrer de opções políticas, em grande medida mítico-utópicas, como se sabe. Os argumentos de ambos são, evidentemente, reversíveis.

Desta enumeração poderemos já retirar alguns elementos para uma conclusão que, neste particular, se impõe. Os estudiosos do problema começam por apresentar uma formulação clássica do problema, e mesmo que, como Barthélemy-Duez, considerem a separação de poderes uma "simples regra de arte política", procuram manter-se na classe *bien rangée*. Na sua maioria, porém, tendem estes clássicos para a consideração da importância do princípio (vejam-se as citações de Otto Mayer ou Bortolotto e as primeiras afirmações de Loewenstein, Verdú e la Cueva, por exemplo), só começando os problemas na altura da especificação do conteúdo do conceito (e daí as distinções, como em Zipellius ou em Nuno Piçarra). Após esta fase, e tendo crescido os problemas em progressão geométrica, há tendência para, mudando de tom quase sem querer, confessar o caos teórico. Tena Ramirez fala da crise da divisão de poderes, que pode assumir a feição de equívoco, artifício, precariedade, idealização, amálgama, imprecisão, inconsistência, ou confusão. A este grupo de teorizadores vacilantes, problematizadores, ou a esta fase de caos teórico, contrapõe-se a *descrição* generalizadora (de que podem considerar-se exemplos de Ranke, e de Passerin D'Entreves). Estas descrições estão a anos luz de distância das análises de tópicos constituintes do conceito ou das suas (sempre demasiadas) relações com tudo o

Organização e Controlo do Poder. Estado, Poderes e Separação dos Poderes 189

que é juspolítico, como fazem *v.g.* um Lipartiti, um Rossi, um Zangara, um Sorrentino, e até mesmo um Tsatos, e um Wladimir Brito, entre tantos outros. Esse tipo de estudos enquadrar-se-á mais na tentativa analítica da primeira categoria, aquando da tentativa de passar das afirmações gerais e vagas à definição concreta do *quid* em apreço. Descrições como a de Ranke – ou como a de Madison, ao baptizar a separação de poderes como "máxima sagrada" – ainda se situam no plano do muito geral, mas têm relativamente às primeiras importante *differentia specifica*: é que o seu estilo de linguagem muda, ao ponto de nos descrever ou remeter implicitamente para o mito.

Não vimos ainda exemplos da categoria seguinte. Ela é formada por aqueles autores que passam da afirmação implícita de elementos míticos à sua afirmação explícita. Começa-se um pouco timidamente, é certo. Lessona procura exorcizar o fantasma, mas esquece-se que falar no diabo é chamá-lo. Diz a dado passo este Professor de Florença:

> «Ecco perchè io penso che di quella separazione non si debba fare un mito nè ad essa si debbano attribuire virtù soprannaturali [...]»

Também Mirkine-Guétzevich assinala o carácter utópico da Inglaterra retratada por Montesquieu, na qual avulta a separação de poderes.

E é sabido que quer Eisenmann, quer Althusser, quer, entre nós, Rogério Ehrhardt Soares e Gomes Canotilho expressamente sublinham o carácter mítico dessa visão da separação de poderes que atribui a Montesquieu o que ele não viu em Londres, nem inventou em Bordéus ou em Paris.

Em todos estes casos há referências directas ao mito (ou à utopia) *na* separação de poderes. Porém, há mesmo quem afirme – antes de nós – o mito *da* separação de poderes. Trata-se de uma visão muito mais global, embora a nosso ver pouco documentada e sobretudo incidental. Trata-se nomeadamente da posição de

Lenoble e Ost, que sobre o assunto se limitam, porém, à seguinte afirmação no seu vasto trabalho *Droit, Mythe et Raison:*

«Ansi, en droit, à mesure que de nouvelles rationalisations s'élaborent, qualifiera-t-on de mythes ou de fictions les anciens dispositifs signifiants: l'idée de séparation des pouvoirs, par exemple, est objet d'un tel processus de dévalorisation.»

Abstraindo do aludido carácter incidental da referência, que há-de ter-se como atenuante de eventual precipitação ou incompletude da teoria, sempre se dirá que, relativamente a este ponto terminal do caudal da doutrina alheia, temos importantes divergências.

É certo que, da insatisfação teórica e da declaração da confusão à perspectiva ora recolhida vai uma enorme distância. A consideração de que a separação de poderes é um mito em geral e não apenas um tema à volta do qual pululam mitos, parece também importante, embora se nos afigure ter constituído tarefa muito mais arrojada e criadora a descoberta dos primeiros mitemas nesta questão. Deve, porém, assinalar-se um ponto muito importante. É que Lenoble e Ost não saem da linha progressiva dos que sucessivamente se vão desenganando da separação de poderes. E daí a assimilação entre mito e ficção. É apenas enquanto mito-ficção, ou é primariamente nessa qualidade, que os dois autores belgas consideram a globalidade da separação de poderes. E, em plena consonância com essa lógica, e com uma visão restrita de mito, referem a progressão temporal que culmina com o dar-se conta do mito, considerando que tal processo corresponde a uma desvalorização.

Não podemos estar de acordo com boa parte disto. A quase identificação entre mito e ficção é redutora em relação àquele, e desvirtuadora da realidade desta. Mesmo que o mito fosse só ficção, estava por provar que a ficção tivesse menos valor, para mais numa área do Ser em que *o que parece* é. As ficções têm realidade, e não é pequena, e a política, precisamente, aí está a prová-lo. Veja-se a equação de Clyne sobre o poder dos Estados.

Organização e Controlo do Poder. Estado, Poderes e Separação dos Poderes 191

Não há desvalorização alguma para a separação de poderes quando a consideramos simultaneamente uma ficção, uma ilusão, que está paredes meias com uma ideia-força que, em versões mais populares ou mais eruditas, arrasta as massas e conquista os teóricos, e uma narrativa das origens do constitucionalismo, mais ou menos fantasiada, com apelo a Idades do Oiro ou Utopias.

Nenhum, mas nenhum desses elementos é desvalorizador da ideia. Mesmo a sua inexistência prática não é mais que a manifestação da imperfeição do real por referência ao ideal, não deixando, por isso, de ser uma existência, ainda que parcial ou imperfeita. De resto, as várias teorias sobre o assunto, como diversas corrente míticas, não concordariam sobre qual o modelo ideal. Todas invocando o nome, e todas possuindo alguma legitimidade para o fazer, contribuem para a fama dessa ideia importante mas vaga, que consiste na necessidade de, ante o poder uno e tendencialmente delirante de *libido dominandi,* se estabelecerem mecanismos de contenção e protecção. E por isso são partícipes legítimos da glória comum.

É certo que o princípio jurídico perde nesta visão, ganhando a síncrese do político. Mas isso é apenas a declaração formal do que sempre se soube. Não acreditamos que valha de alguma coisa em juízo, mesmo constitucional, a invocação de uma dada teoria da separação de poderes *contra legem* e sem um artigo da constituição vigente que lhe valha. Na medida em que o mito dos poderes estanques foi sendo apercebido, foi-se do mesmo modo compreendendo que as concretas fórmulas de repartição dependem do legislador constituinte, não podendo haver dogmas na matéria. Tudo parece assim indicar tratar-se agora de um puro problema de direito positivo e da sua interpretação.

A própria distinção da separação de poderes numa *theory of law* e numa *theory of government* é miticamente importante. Já o era no plano sistemático, para desembrulhar o conceito, tal como a análise dos diversos sentidos de separação ajudava a ir compreendendo o que, afinal, ia estando em jogo. Importa, realmente, recordar que a expressão separação de poderes (ou divisão de poderes) é relativamente recente, recuando precisamente aos primórdios do constitucionalismo, e referindo-se especificamente à doutrina jurídica, visando o primado da lei, enquanto a ideia dos poderes separados é a do poder limitado, do regime misto. Doutrina jurídica ou doutrina política, ela apresenta-se-nos sempre como mítica. Embora, como é facilmente compreensível, os mitos jurídicos sejam de muito mais difícil recorte e detecção. E uma das razões que julgamos ter levado ao tardio reconhecimento do mítico na separação de poderes terá sido precisamente a preponderância do jurídico, desde o séc. XVII. Uma outra forma de exprimir a dualidade das separação de poderes é a que opõe já não doutrina a doutrina, mas doutrina (ou teoria) a princípio. Também aqui interessa observar que, enquanto as doutrinas são mitos estandarte, propulsivos, com alguma componente utópica, ideias-força que se propalam com fins antes de mais proselíticos, já os princípios constitucionais, inclusivamente enquanto fonte (ao menos hipotética) de direito, têm uma outra dimensão, bem mais *séria*. Mas nem por isso menos mítica... Assim, os princípios, e em especial a literatura que doutrinalmente os fundamenta e explicita, filosófica e historicamente, aproximam-se das narrativas míticas das origens, constituindo os pilares da construção do universo constitucional, e normalmente sendo considerados como existentes e activos em estado puro ou numa época histórica anterior (Idade do Oiro), ou num fantástico mundo a construir (passando então a componentes da Utopia). Assim, citando apenas um exemplo, quando, entre nós, Nuno Piçarra, no artigo "Separação dos Poderes" da *Enciclopédia Pólis*, revela que

> «o princípio constitucional da separação de poderes foi elevado a *ultima ratio*, a fundamento último de todas as normas constitucionais organizatórias [...]».

o facto é que nos propicia simultaneamente uma efectiva descrição de um mito das origens ou dos fundamentos, a base de uma narrativa mítica primordial. Se todas as normas constitucionais organizatórias retiram o seu fundamento deste princípio, ele-

Organização e Controlo do Poder. Estado, Poderes e Separação dos Poderes   193

vado a sua *ultima ratio*, então a separação de poderes não pode deixar de ser a grandiosa colunata sobre que assenta o frontão esculpido das várias normas, e nesse templo do poder há-de ainda ter lugar cimeiro no *sancta sanctorum*. Do mesmo modo que toda a mitologia, desde logo, e como é evidente, no plano genealógico, decorre da teogonia inicial, narrativa por excelência dos princípios, também a separação de poderes, como ponto fixo de apoio dos Arquimedes da Constituição, é o fulcro e a matriz mítica de cada uma das suas futuras oscilações.

Mas, tudo visto, e apesar de ser um mito (e um mito em grande medida utópico num Estado que já de modo nenhum corresponde aos parâmetros do mundo liberal tradicional), a separação dos poderes é um grande, belo e imprescindível princípio constitucional. Muitas das agruras que vivemos decorrem do esquecimento ou do desprezo por este princípio.

E muita solução para os nossos males políticos adviria do seu reencontro. Reencontremos a separação dos poderes – ou então inventemos algo de melhor que todo o constitucionalismo voluntarista. O qual, no mundo barbarizado que temos, em grande medida está cada vez mais a provar a sua necessidade e até imprescindibilidade face ao constitucionalismo natural – próprio de um tempo em que a política, o Estado e até os povos eram diferentes.

BIBLIOGRAFIA MÍNIMA

Síntese: NUNO PIÇARRA, "Separação dos Poderes", in *Pólis. Enciclopédia Verbo da Sociedade e do Estado*, vol. V, Lisboa / São Paulo, 1987, cols. 682-714

Clássicos: JOHN LOCKE, *Second Treatise of Government* [1690], ed. by C.B. Macpherson, Indianapolis, Hackett, 1987, ou trad. port. de João Oliveira Carvalho: *Ensaio sobre a verdadeira origem, extensão e fim do governo civil*, Londres, 1833, ou trad. bras. de Fernando Henrique Cardoso et Leôncio Marins Rodrigues, Brasília, Universidade de Brasília, 1982

MONTESQUIEU, *De l'Esprit des Lois*, (n/ ed. in *Œuvres Complètes*, Paris, Seuil, 1964. p. 527 ss..), máx. XI, 6

Desenvolvimentos e outras perspectivas: Paulo Ferreira da Cunha, "O Mito da Separação dos Poderes", in *Pensar o Direito*, vol. I, Coimbra, Almedina, 1990, pp. 233-317

Capítulo 14. Sufrágio, Democracia e Representação política. O Estado de Direito

14.1. *Retomando as confusões do Politicamente Correcto*

Há alguns métodos que o "pensamento único", que joga na confusão do "uno" e nos mitos do "eterno presente" e do "presente-futuro como o melhor dos mundos" abomina, pois eficazmente o confundem e denunciam: um deles é a dialéctica, outro é o recurso histórico, etimológico, genealógico, e outro é a análise dos entes e dos conceitos.

O pensamento único pretende (em geral: porque comporta uma ou outra excepção) que toda a divisão, a separação (por exemplo, entre Estados, Povos, Nações...) são coisas bárbaras, medievais, que a descentralização ou a regionalização são o renascer do feudalismo, que nos Estados tudo deve ser regulado por sapientíssimos funcionários atrás do poder (embora celebre a democracia), mas no fundo o que gostaria era de implantar um Leviatã, governado também por eminências pardas pouco eminentes. Para uma certa versão do politicamente correcto, o passado não criou nada senão injustiça, opressão, discriminação, racismo, sexismo, escravatura, obscurantismo, fanatismo religioso (e religião, aliás: porque para esta visão toda a religião é obscurantista e fanática), etc., etc. O mundo racional e pensante teria começado ontem (para os mais abrangentes, com a Revolução Francesa ou Americana, no máximo, para muitos talvez só depois da II Guerra Mundial), pelo que o presente é, afinal, "o melhor dos mundos", a caminho do mundo perfeito da utopia concentracionária e totalitária em que querem volver-nos o "amanhã"... Finalmente, esta corrente tudo mescla, tudo baralha, e não resiste à análise das coisas: coisas que não têm só a existência da prática de hoje, nem apenas a consistência de uma definição apriorística de uns grupos de pretensos "intelectuais", nem a dimensão que lhes é atribuída por apressados comunicadores de massas ou políticos. Coisas que têm história, lastro, complexidade.

Há também uma outra versão do politicamente correcto, mas quase restrita ao economicismo neo-liberal, deixando à já referida versão o terreno da cultura e da "escatologia".

14.2. *Os lugares comuns*

Ora o sufrágio e a representação (e a democracia) são matérias em que precisamente a ideologia dominante baralhou, e estamos todos muito confundidos a este propósito. Só as velhas obras nos podem ajudar, as que não lhe sofreram a influência.

Aparentemente, tudo estaria resolvido: neste capítulo estudar-se-iam (em consonância com a hiper-ocupação e hiper-complexificação que esta doutrina nos quer impor, mesmo metodologicamente, mesmo na gestão dos recursos humanos) as mil e uma modalidades práticas, concretas, que assume a eleição, a votação, etc. Enfim, as coisas "técnicas", que só interessam, realmente, a quem queira disso ser técnico. E estudar-se-iam modalidades de votação, sistemas de apuramento, métodos de cálculo de proporcionalidades, etc., apenas, ou quase, porque o problema do sufrágio, da representação e da própria democracia estaria resolvido. Porque o homem culto (pretensamente culto), ou informado (mal-informado) de hoje confunde tudo isso: para ele, o sufrágio, a votação, a eleição são o cerne, o fulcro, o ser da democracia, e a democracia é representação. Pelo sufrágio, os cidadãos (cidadãos abstractos, realmente "números") escolhem *democraticamente* os seus "representantes". Nos dias de hoje, realmente "representantes" e nada comissários ou mandatários – porque cada vez mais livres de ligação com os seus eleitores, as suas circunscrições eleitorais, etc., e cada vez mais dependentes dos partidos que (afinal) os fizeram eleger...

Esta visão optimista, ou pelo menos conformista (e que parece corroborada pela frase de Churchill, segundo o qual a democracia é a pior forma de governo, com excepção de todas as outras) está, com ligeiras modificações de pormenor, na cabeça de muitos.

E todavia o problema é muito mais complexo.

Inspirado no livro de José Pedro Galvão de Sousa, *Da Representação Política*, vamos apenas avançar algumas pistas muito sucintas, para ulterior estudo e reflexão. Na verdade, este é um dos grandes temas da Política, e entrar por ele profunda e extensamente seria repensar quase tudo o mais, a partir da sua mira.

14.3. *O que se estuda e o que se não estuda*

Ao contrário da perspectiva que assimila sufrágio, representação e democracia, como se de uma mesma coisa se tratasse, se empreendermos ao mesmo tempo uma análise histórica e genealógica dos conceitos e das instituições, e se analisarmos o seu conteúdo, verificamos que se trata de entes bem diversos. Mais: não só as relações entre os três são complexas, como dentro de cada um há múltiplas variantes.

O lugar comum pulveriza a consideração (na verdade politicamente e ideologicamente quase inócuo) das formas de sufrágio, aventura-se ao estudo mais profundo dos tipos de democracia (embora o "fim da História" que implicitamente muitos de nós continuam a professar, seja claramente favorável à democracia liberal – representativa, obviamente).

Mas quanto aos tipos de representação política há um grande silêncio. Quanto à representação em si mesma.

Não se trata, evidentemente, do longo e decerto fastidioso (para os especialistas) cotejo com as formas de representação extra-jurídica (a psicológica, a artística, etc.), ou privatística (só essa nos consumiria pesados tomos). Mas apenas da representação no estrito seio do juspolítico.

14.4. Três Formas de Representação

A representação política pode ter três formas. Da confusão entre elas e do esquecimento das respectivas distinções têm decorrido profusos e graves erros intelectuais e não poucas desventuras práticas.

A representação implica, obviamente, a distinção entre a sociedade e o poder, entre governantes e governados. Por isso é que, na pureza das coisas, a democracia plena, a democracia mais pura – ou seja, a democracia directa, em que os governados seriam afinal os governantes – é (por definição) totalmente contrária à ideia de representação. Rousseau (que também era, evidentemente, adversário da separação dos poderes – que satiriza aliás) compreendeu claramente isso: e por isso é que também se manifestou, no *Contrato Social*, frontalmente contra a representação.

Muitos autores crêem que a representação é um fenómeno especificamente ocidental, com raízes no mundo romano embora não totalmente esclarecidas (está por estabelecer o carácter dos comícios, por exemplo), e sobretudo aprofundada durante a Idade Média, quando o poder articulado e não centralizado, a par da importância reencontrada dos estamentos sociais e o advento da pujança das corporações, de algum modo naturalmente propiciava esta fórmula política.

A representação apresenta sobretudo três aspectos: a representação da sociedade pelo poder, a representação da sociedade perante o poder, e a representação da sociedade no poder. Não podem ser confundidos.

14.5. Representação pelo Poder

A representação da sociedade pelo poder remete-nos mais para o poder em si mesmo. O poder representa a sociedade enquanto cabeça do corpo social, do *corpus politicum*. O poder, naturalmente restrito, consubstanciado nos governantes, e em última instância num soberano, Príncipe, etc. (pessoal ou colectivo) assume a representação de toda a comunidade política na sua unidade. Essa unidade frequentemente tem como critério ou elo orgânico o do Estado.

Esta representação nada tem a ver com o sufrágio, directamente, e também é independente da democracia. Um governo tirânico, autocrático, não representativo (no sentido de que não sai de eleições: sentido corrente) representa um Estado (e a sociedade, por extensão) do mesmo modo que um governo plenamente democrático, saído das mais livres eleições.

O movimento da representação pelo poder é como que descendente. Ou melhor: vem de cima, como que toma nos seus braços a sociedade, e volta ao topo. Um poder menos democrático representa a sociedade pelos elementos de permanência. Dir-se-ia que representa o povo, apesar de si próprio, apesar da sua natureza autocrítica enquanto governo.

14.6. *Representação perante o Poder e evolução do sistema*

Coisa diversa da representação *pelo* poder é a representação da sociedade *perante* o poder. Esta situação compreender-se-á melhor se nos lembrarmos que, não só em França (*représentation*), mas também entre nós se utilizava a expressão "representação" para o fazer chegar ao poder as aspirações, queixas, reclamações dos povos. Pois a representação perante o poder é esse movimento ascensional que vem do povo e leva a sua mensagem aos governantes.

Aí, de forma nenhuma um poder tirânico pode *representar*. Porque é a sociedade no seu dinamismo e na sua multiplicidade que vai aproximar-se do poder (ou ser chamada por este) para apresentar a variedade do que sente e pensa.

Mesmo hoje em dia, em que a representação tomou uma feição diversa, se vêem resíduos (mesclados) desta ideia.

Com efeito, nos sistemas de partidos a representação é feita pelas diversas opiniões ideológicas que recolhem o voto popular, com expressão a todos os níveis institucionais, mas mais especificamente se pode ver nos Parlamentos. De igual sorte, numa Câmara aristocrática como era a Câmara dos Lordes espelhavam-se as sensibilidades de classe, numa Câmara Corporativa as perspectivas dos diferentes grupos de actividade laboral e social, num Conselho Federal as motivações de regiões ou estados federados. E num conselho de sovietes (num Soviete Supremo) chegariam, depois de sucessivas delegações – se não houvesse movimentos descendentes, ideológicos e pragmáticos, aliás existentes em todos os modelos – sobretudo as aspirações dos trabalhadores, etc., etc..

As perspectivas por que o povo pode ser representado perante o poder são múltiplas: cidadão, trabalhador, morador, consumidor, etc., etc. Pelo que é sempre discutível saber qual a dimensão mais verdadeira, e se as demais se lhe devem submeter. Uma fórmula de ultrapassar abstractamente essa pulverização de papéis e de agregar tudo foi a consideração do sufrágio universal, directo e secreto, em que qualquer pessoa, independentemente da sua actividade, formação, radicação, é tida por igual às outras, e com voto igual. E este cidadão anónimo passou a votar cada vez mais em deputados que não conhece, impostos por partidos, por vezes sem mesmo lhes poder ler os nomes nos boletins de voto. E os deputados passaram a ser elementos de pesadas e manietadoras máquinas partidárias, que os passaram a submeter a estrita disciplina de voto.

A relação entre eleitor e eleito quebrou-se. Passou a existir uma espécie de plebiscito muito limitado de cada partido aos seus eleitores, e a junção desses plebiscitos resultou no que já foi considerado como um parlamento como carteira de títulos, em que cada partido joga os seus perante os demais. Mas também se tem dito, com algum acerto, em abono deste sistema, ser ele mais propício à representação de projectos, que os partidos encarnam, evitando o caciquismo e o mediatismo resultante da apresentação de candidatos individuais, numa sociedade de massas e de televisão.

Por outro lado, esta absorção da multiplicidade das características da sociedade pela unificação (sob o signo da discórdia

Sufrágio, Democracia e Representação política. O Estado de Direito   201

ideológica, mas ainda assim com cada parte, partido, aspirando à totalidade) confundiu a representação da sociedade pelo poder e a representação da sociedade perante o poder... O que resultou, sobretudo, em menos representação da sociedade perante o poder, e apenas uma maior (mas inconsistente tantas vezes) representação da sociedade pelo poder. Quando se fala, em grande medida como propaganda, ou sem se detectar os males profundos, em reaproximação dos eleitores dos eleitos... a verdade é que o contrário é que deveria ser feito. Mas é muito complicada qualquer reforma dos sistemas políticos feita no quadro de uma cosmovisão estatista, em que, no fundo, a multiplicidade social é vista como folclore ou até como um mal perante uma vontade unitiva, abstracta, racionalista, afinal utópica.

No fundo, quando nasceu o Estado começou o declínio da representação perante o poder. Apesar de a democracia se ter incrustado no Estado de forma muito hábil – e ainda bem.

14.7. *Representação no Poder.*
As duas modalidades ou fases de Governo representativo

Finalmente, devemos considerar a representação *no* poder.

Se a representação *perante* o poder tem, como vimos, esse movimento ascensional, de sentido unívoco, e se a representação *pelo* poder, embora desça à sociedade, volta logo à governação, para nela como que cristalizar, na representação da sociedade *no* poder é como este que se baixa e aquela que se eleva, para se associarem. No limite, para se fundirem. Esta terceira perspectiva (ou uma das suas modalidades) é que verdadeiramente consuma as tendências que referíamos no final da divisão anterior, as quais, de algum modo, ainda têm reminiscências das outras fórmulas, e especialmente da representação da sociedade perante o poder.

À ideia de representação da sociedade no poder corresponde real e cabalmente a de governo representativo. O qual não pode ser, sem mais, confundido com democracia ou com eleições.

O governo representativo, a que corresponde esta ideia de representação da sociedade no próprio poder, pode assumir duas modalidades, que na verdade correspondem a duas fases.

A primeira, cronologicamente, é a do governo misto ou regime misto, em que, seguindo o já almejado por Aristóteles e corroborado por Tomás de Aquino, as instituições se organizam de forma à coexistência e concatenação de elementos monárquicos, aristocráticos e democráticos. Entre nós, há alguns anos já, o filósofo liberal *sui generis* que foi Orlando Vitorino redigiu um projecto de Constituição em que pretendia reabilitar esta modalidade de equilíbrio de racionalidades do poder.

A ideia abstractamente é simples: no topo da sociedade política está um Rei ou Chefe de Estado não coroado, mas que é sempre portador do princípio monárquico; e um senado aristocrático, ou câmara alta, ou corpo de nobres, ou uma qualquer evolução da *Curia Regia,* modera os ímpetos mais ventosos do povo, representado por seu turno numa Assembleia, num Parlamento. Ou então estes dois últimos elementos convivem em Cortes...

A primeira modalidade do governo representativo é um passo mais que a representação perante o poder: nela já está, ainda que em parte, o povo na situação de partícipe do poder. Nos reinos hispânicos, por exemplo, tal sucedeu antes que essas velhas liberdades e prerrogativas tivessem sido sufocadas pela voragem e vertigem do absolutismo.

O salto para uma nova situação curiosamente parece ter sido dado através de uma sociedade política que, para muitos, nunca se transformaria em Estado: a Inglaterra. Aí, sobretudo na sequência das revoluções do século XVII (mas já com ecos anteriores: que Tomás Moro, por exemplo, contrariaria ao rebelar-se, afinal em nome do Direito Natural, contra a omnipotência do parlamento tanto quanto a do rei), o povo não só participava no poder, estava representado no poder, como passou a identificar-se com o poder. Com efeito, na medida em que o parlamento representa o povo, e tudo pode fazer, ao menos em teoria, chegamos realmente ao "poder do povo, pelo povo e para o povo", à democracia representativa,

Sufrágio, Democracia e Representação política. O Estado de Direito   203

com identificação entre o sujeito e o objecto da política. O povo e o poder passariam a ser idênticos. E é assim curioso que, em certo sentido, a democracia representativa acaba, realmente, com a representação.

Tanto o parlamentarismo, de origem inglesa, como o presidencialismo à americana consubstanciam essa realidade nova do povo governando, da confusão entre poder e povo. Embora, evidentemente, uma mais subtil distinção sobre elites, blocos no poder, etc. nos leve a uma ideia mais clara sobre quem realmente governa. Mas esse é outro problema.

14.8. *Representação e Estado de Direito material, democrático*

A conclusão histórica e lógica da evolução da representação (designadamente na última modalidade da sua terceira fórmula, a representação da sociedade no poder, especificamente com o governo do povo pelo povo) é o Estado de Direito.

Não um Estado de Direito meramente formal, e eventualmente anti-democrático, que apenas obedecesse aos ditames que a seu bel-prazer faria e desfaria, sob forma legal, ou negasse a representação no poder à sociedade. Mas um Estado de Direito com essa dimensão ética da democracia verdadeira, um Estado de Direito democático, material, substancial.

O Estado de Direito, assim entendido, é muito mais Direito que Estado. É um Estado submetido ao Direito: e tem de legiferar de acordo com a sociedade, que não pode violentar com utopias. É, assim, um Estado para a Sociedade, e não o contrário. É um Estado racional, "óptimo" e não *factotum*, totalitário. E é assim também um Estado de justiça material e interventivo em prol dela, e não um simples Estado guarda-nocturno ou um "deus-ocioso". Não é um Estado ideológico, nem de facção, nem de credo. Mas tem de lutar pela sua auto-subsistência, inegavelmente com poder simbólico, e tem de manter a sociedade sã e competentes os cidadãos com acção educativa, que implica educação cívica, política, cultural. Que implica políticas e opções, e não mera gestão, e muito menos simples concertação entre forças activistas...

Poder-se-á dizer que o Estado de Direito muito pouco tem a ver, substancialmente, com o Estado maquivélico ou com o também maquiavélico estado absoluto. O Estado de Direito parece ser a *Pólis* actualizada e em ponto grande.

Grandes problemas se põem sobre a compatibilização efectiva entre um Estado de Direito material como aquele de que falamos com, por um lado, o Estado do positivismo jurídico, voluntarista na feitura das normas e na consideração e aplicação do Direito, e, por outro lado, o Estado de partidos, grupos de interesse, predomínio avassalador do poder económico, etc., que condicionam o poder e distorcem a representação popular...

Também ao nível internacional, novas e preocupantes perspectivas e novas práticas, embora por vezes animadas de boas intenções, criam poderes sombra, insindicáveis: poderes de secretarias, de funcionários, de relatórios, de relatores, de peritos, de pessoas não eleitas, sem rosto, e de castas sem responsabilidades.

À sombra da democracia, feita princípio embalsamado, que se venera mas não se vive, vão florescer poderes obscuros, os quais podem revelar-se eficacíssimos como contra-peso à força das massas anónimas e não pensantes criadas por Estados que se demitiram de formar cidadãos, mas também podem ser os confiscadores dos últimos redutos de liberdade dos que gostariam de, conscientemente, participar na coisa pública a todos os níveis.

Se os partidos se fecharem em castas, se os poderes se sentirem legitimados para não cumprir promessas, se as organizações internacionais se substituirem aos Estados e os Estados aos cidadãos, o ciclo fechar-se-á. E não teremos nem o povo como poder, nem o regime misto (representação da sociedade no poder), nem a representação da sociedade perante o poder (que não a ouvirá), estando a representação da sociedade pelo poder muito debilitada pelo divórcio entre ambos.

Sufrágio, Democracia e Representação política. O Estado de Direito 205

BIBLIOGRAFIA MÍNIMA:

Fundamentação e Aprofundamento: José Pedro Galvão de Sousa, *Da Representação Política*, São Paulo, Saraiva, 1971

Complementos: Angel Sanchez de la Torre, *et al., El Estado de Derecho en la España de Hoy*, Sección de Filosofía del Derecho de la Real Academía de Jurisprudencia y Legislación/Actas Editorial, Madrid, 1996
Gehrard Leibholz, *O Pensamento Democrático como Princípio Estruturador na Vida dos Povos Europeus*, trad. port., Coimbra, Atlântida, 1974
António Sérgio, *Diálogos de Doutrina Democrática*, in *Democracia*, Lx., Sá da Costa, 1974
Rogério Ehrhardt Soares, *Sentido e Limites da Função legislativa no Estado Contemporâneo*, in *A Feitura das Leis*, II, coord. de Jorge Miranda / Marcelo Rebelo de Sousa, Lisboa, Instituto Nacional de Administração, 1986

Epílogo

DA DINÂMICA POLÍTICA
OU
DOS CONFLITOS POLÍTICOS
Tópicos ideológicos

1. "Amigo" e "Inimigo" (*Freund/Feind*): força, coacção, guerra, poder

2. Liberdade, Propriedade e Igualdade. Justiça económica, social e internacional. O problema das discriminações

3. Liberdade e Responsabilidade. A Cidadania

4. Democracia, Representação e Interesse Público. O Estado de Direito

5. Ideologias e Forças políticas

Epílogo

DA DINÂMICA POLÍTICA
OU
DOS CONFLITOS POLÍTICOS
Tópicos ideológicos

1. *"Amigo" e "Inimigo"* (Freund/Feind)*: força, coacção, guerra, poder*

Ao longo desta nossa síntese, pôde sem dúvida ir-se observando que as questões políticas não são questões suaves (embora possam ser subtis e diplomáticas), e que a oposição entre amigo e inimigo, *Freund* e *Feind*, bem como do amigo do amigo e sobretudo do inimigo do inimigo, num jogo quase algébrico, ou poligonal, têm um papel importantíssimo.

Uma das matérias mais candentes da política é a que se joga ao nível internacional. Epistemologicamente não raro se enquadra na disciplina das Relações Internacionais (v., entre nós, Adriano Moreira, *Teoria das Relações Internacionais*). Um clássico é, por exemplo, *Paz e Guerra entre as Nações*, de Raymond Aron, para além da *Arte da Guerra*, de Sun Tzu e de *Vom Kriege*, de Clausewitz. Nada se sabe sem os clássicos.

O poder anda sempre ligado à coacção, ainda que latente, potencial ou subliminar, e a coacção é o uso da força, assimilando--se à coercibilidade a susceptibilidade do seu uso ou a possibilidade legal ou legitimidade para o seu uso. Sacrifício, sagrado e violência estão na raiz e são seiva das fundações do político e da "cidade" (parece poder extrair-se da obra de René Girard). A guerra, além de ter, desde os tempos arcaicos, uma função ritual de "juízo de deus", secularizou-se, tendo-se tornado em oposição humana, em que se presume (nem sempre bem) que ganhe o mais forte. Em todo o caso, num mundo que pretendeu arvorar o pacifismo como ideologia internacional não há muito, e que a cada passo tenta estabelecer mecanismos que dotem o Direito Internacional ainda do "juiz" e do "polícia" que tradicionalmente se dizia faltarem-lhe, o recurso à guerra, além de excepcional, e de balizado afinal pelas velhas mas sempre novas teorias da "guerra justa" (voltamos sempre ao passado), tem de que ser subsidiário de outras formas do Direito Internacional. E assim sendo, funcionará como legítima defesa, própria ou de terceiro (embora esta haja de entender-se moderadissimamente), ou como forma de coacção, dissuasiva ou persuasiva. Oscila assim a consideração da guerra entre um Direito "atípico" e uma Política "nua".

Do que não pode haver dúvida é que as guerras são as mães de grandes transformações sociais e políticas. O mundo não é o mesmo depois da I e da II Guerras Mundiais... E não será certamente o mesmo depois de uma III.

2. *Liberdade, Propriedade e Igualdade. Justiça económica, social e internacional. O problema das discriminações*

O discurso ideológico anti-liberal que avassaladoramente foi dominante nos anos 60 e 70 do século XX, que ainda tem muitos adeptos e deixou muitas sequelas – algumas positivas, deve dizer-se – fez esquecer em grande parte ao homem médio algumas coisas elementares.

Uma delas, foi que Liberdade, Propriedade e Igualdade (e Justiça!) andam juntas. Felizmente que a nossa Constituição (e mais claramente ainda a Espanhola) considera como importantes valores a Justiça, Liberdade e Igualdade, e também não esquece a propriedade, embora lhe não confira, e bem, um lugar tão relevante, e a sujeite a certos limites. Mas, independentemente da prescrição constitucional, a verdade é que a hipervalorização de qualquer delas que não seja a Justiça (que as reúne a todas – como era classicamente visto, quando se encarava a Justiça como virtude) corresponde a uma compressão das demais – criando, efectivamente, injustiça.

Por outro lado, tem-se esquecido também (apesar de o pensamento marxista o lembrar, por outro modo: não há liberdade sem os instrumentos ou as condições da liberdade) o que os liberais tradicionais já sabiam: que a liberdade só se consegue afirmar quando apoiada na suficiente propriedade que permita, nomeadamente, a autonomia pessoal, a educação pessoal, algum ócio, sem o qual é impossível o pensamento, a cultura e a formação da opinião, etc., etc.. O sufrágio censitário, que hoje pensamos ser um elitismo ou um obscurantismo de Oitocentos, tinha como justificação teórica (na prática qualquer teoria serve os interesses do momento...) precisamente a exigência de alguma fortuna para evitar caciquismos e afins, em votantes e em elegíveis.

Além disso, a Igualdade não é – ao contrário do que muitos ainda julgam – o nivelamento por baixo, e a parificação matemática de todos, com uniforme e leito de Procusta. Já Camille Desmoulins criticava ao jacobinismo triunfante fazer os concidadãos "tão iguais quanto a tempestade torna iguais os que naufragam" (*Vieux Cordelier*, n.º 6). A dimensão solidária, fraterna e de justiça social da igualdade não tem sido sempre posta em relevo. Lutar pela igualdade não é (dir-se-ia até: pelo contrário) desejar que os homens sejam réplicas de um modelo, mas procurar que a cada um sejam dadas iguais condições (ou equivalentes, claro) para que possa afirmar-se, para que possa ser diferente.

Tal implica, evidentemente, uma concepção da democracia e da justiça não apenas no clássico plano jurídico e político, mas também nos planos social e internacional.

A grande questão é que, de acordo com os princípios, divergimos todos muito quanto às políticas a pôr em marcha. E está aliás também provado que o processo de decisão sobre tais políticas, mesmo democrático, pode ser manipulado, não só pela propaganda como pelas próprias regras de decisão: por exemplo, pela ordem de decisão entre várias propostas antagónicas.

Um dos problemas mais candentes nessa tentativa de repor a igualdade de condições é o da *acção afirmativa* ou *discriminação positiva*. Esquece-se que favorecer um grupo, mesmo um grupo que no passado ou no presente tenha sido ou esteja a ser alvo de discriminação, é uma outra forma de discriminação: discriminam-se todos os que não pertencem a esse grupo. Coisa diferente é acabar com a discriminação pura e simples.

O problema é que quem é realmente vítima de segregação, de discriminação, é a gente miúda, que raramente consegue usufruir das "quotas", dos "subsídios", dos novos privilégios (leis privadas ou privativas de alguns). No limite, os cidadãos na força da vida, saudáveis, com emprego, do sexo masculino, de raça branca (ou, diriam alguns, "caucasiana" – o que é uma forma discriminatória face a outros, desde logo aos ditos "latinos", "hispânicos", etc...), heterossexuais, com a religião do lugar onde vivem (ou sem religião minoritária ou sectária), naturais do país que habitam, etc., embora pobres, embora explorados, esses serão os novos discriminados, por não poderem ostentar perante os poderes que baralham as regras do jogo nenhuma especificidade, nenhum pretexto para subirem uns pontos na nova escala humana... Evidentemente que não se pretende dizer que esse grupo seja melhor ontologicamente ou axiologicamente (nem ética nem esteticamente) que qualquer outro.

O grande critério para a alteração das regras não pode ser por simpatia por certos grupos (porque não se privilegiam os feios, baixos, gordos, fumadores de cachimbo? – todas essas características são altamente discriminatórias nos nossos dias...), mas simplesmente, saber-se se quem temos diante de nós é necessitado (pobre ou indigente) ou não, actualmente. Um multimilionário de uma etnia no seu país minoritária, doente, "desempregado" (obviamente: desocupado, vivendo dos rendimentos), poderá aspirar a melhor tratamento (por exemplo, quota para entrada na universidade) atendendo aos referidos factores de pretensa discriminação?

Mas este discurso não compensa. Não convence. Distraídos com a proibição do fumo e das toiradas e outras causas sem dúvida correctas, mas laterais, não compreendemos que temos de voltar a olhar para e pelos indigentes e pobres, para e pelos que realmente precisam. E nem sempre apenas vendo a declaração de rendimentos: porque os capitalistas e os profissionais liberais, ao contrário dos desgraçados dos trabalhadores por conta de outrem, e especialmente do Estado, podem facilmente fugir ao fisco. Mas haverá que ponderar tudo com calma e cuidado. Sem dúvida na discriminação positiva também alguma coisa se pode ganhar, por vezes. Sempre muito se aprende com Montesquieu:

> *"Il faut bien connaître les préjugés de son siècle, afin de ne les choquer pas trop, ni trop les suivre"* (*Mes Pensées, XVIII*).

Enquanto não recuperarmos o bom senso, continuará a haver clamores contra os cânones europeus na educação, exílio das Humanidades e tecnologização dos *curricula* – até porque o técnico não faz revoluções e muito menos o burocrata.

No plano internacional é evidentemente chocante quer o mosaico de desgraças em tantos lugares do mundo, como as agressões, o terrorismo, a exploração internacional, o rol de misérias de que todos sabemos. Todavia, é também preocupante a forma como intelectuais desgarrados da realidade (normalmente antigos adeptos de regimes de força e incompetência, incapazes de solucionar os problemas dos seus povos) proclamam agora, muitos deles do alto de cátedra, as receitas para o restaurante universal. A justiça internacional precisa apenas de teóricos nefelibatas e de eminências pardas como sinais de alarme de que, se os que pensam como homens de acção e agem como homens de pensamento nada fizerem, ou continuarem no seu ritualismo cómodo e suicida, a nova ordem mundial será mesmo um novo caos mundial.

A loucura entrou já no mundo do jurídico. Agora, só a política a poderia curar...

3. *Liberdade e Responsabilidade. A Cidadania*

A Cidadania é uma expressão de novo na moda. Como a dignidade. Mas as confusões imperam – onde não imperam? A cidadania não é apenas essa qualidade de ser cidadão – não se confunde, desde logo, com a nacionalidade... Obviamente.

Ser cidadão também não é ser *livre porque obediente às leis.* Sócrates, ao beber a sua taça envenenada, terá sido bom cidadão? Ele achava que sim, porque dessa forma mostrava aceitar as regras do jogo da Cidade: tinha usufruído da sua protecção, agora, a cidade mandava-o morrer e ele obedecia. Preferimos todavia Platão, retirando-se para longe das invejas assassinas de Atenas, evitando que a cidade cometesse novo crime contra a Filosofia.

Cumprir a lei injusta, ou a sentença injusta, ou não as cumprir (com a responsabilidade de todas as consequências dos seus actos) – neste dilema se explica o que é realmente a cidadania.

A cidadania é, por um lado, cívica participação na vida pública, é o "sentar-se na primeira fila" nas conferências e nas reuniões comunitárias, participar dos clubes, das agremiações, interessar-se pela sua terra, votar, etc. E nesse sentido, o bom cidadão é o que cumpre e pelo exemplo (e até por uma inteligente e benévola vigilância e uma atenta pedagogia: por exemplo sobre os mais novos) faz cumprir as determinações da cidade – leis, sentenças, etc. Nesse sentido, Sócrates morre.

Mas a cidadania é também, por outro lado, uma fidelidade a deuses maiores que os concretamente venerados por quem manda. Pode parecer inglória, cobarde mesmo, a atitude de Platão. Mas temos exemplo melhor, mais heróico, da mesma recusa em ser cúmplice com o crime dos chefes: Antígona. No caso dela, perante uma sentença do rei de Tebas, aliás seu tio, que condenava um dos seus dois irmãos mortos em combate a ser devorado pelos abutres, ameaçando com a morte quem lhe desse sepultura, não teve dúvidas em desobedecer, porque devia obediência a leis mais altas que as humanas.

Nem todos podemos ser Antígona, Platão e Sócrates. O quotidiano da cidadania põe por vezes angústias, dilemas éticos, que devemos resolver serenamente, e pensando sempre no menor mal para a Justiça e o Bem Comum, respeitada a nossa consciência (a qual temos a obrigação de bem formar: outro dever de cidadania). Mas a maior parte das vezes do que se trata é da diuturna tarefa de agir rectamente, de participar na vida pública com recta intenção e espírito de colaboração, de sacrifício mesmo. E com rasgo ou seja, cidadania é o preciso contrário da atitude conformista: "Resta-me ver televisão/votar, passear o cão / (a cidadania!) (...)" – como satiriza Manuel António Pina (*Os Livros*, p. 14).

Nos nossos dias, a promoção da cidadania entre os jovens esquece muito do que é político e cívico. Alguns quase só ouviram falar no respeito pelo ambiente e pelos animais, "nossos amigos". Já é alguma coisa... Mas pouquíssimo.

4. *Democracia, Representação e Interesse Público*

Continuemos com os preconceitos correntes. Para os desfazer. Para os desmontar. A voz corrente identifica democracia e representação electiva. Ou seja, confunde o valor geral, a virtude, a cosmovisão, a *Paideia* até que é a democracia, com um aspecto particular a ela, um aspecto técnico, na qual toda a sua riqueza, complexidade e força está longe de se esgotar. Haverá democracia sem representação, e representação, hoje, sem eleição? Não o cremos possível. Mas será a democracia apenas um tipo de política em que há votação e se elegem representantes para decidir? Não, é muito mais que isso.

Em rigor, devemos, então, opor democracia técnica, essa que de democrática tem apenas a aparência, a "casca", ou seja, o ritual, a legitimação pelo procedimento das voltas da eleição, a uma democracia ética, que procura que o governo do povo, pelo povo e para o povo corresponda realmente ao interesse do Povo: uma democracia não apenas democrática mas também demofílica, com conteúdo.

Esta última formulação é resultado do processo de vai-vém ou torna-viagem dos conceitos. A (alegada) demofilia era própria do despotismo esclarecido das Luzes. O soberano iluminado não era de forma alguma um democrata, mas era demófilo: gostava do Povo, queria obrar para o bem do povo (ou pelo menos essa era a ideologia de legitimação do seu poder absolutíssimo). Ora, quando afirmamos que a democracia ética é demofílica não queremos, nem por sombras, afirmar que tenha qualquer semelhança com esse período de ferocíssimo poder autocrático. Apenas se visa sublinhar que a democracia não pode apenas ser somente pelo povo, e servida ao povo, mas tem também de curar dos interesses públicos. Em suma: não pode ser demagógica mas verdadeiramente popular. A demofilia, aqui, significa que se não deseja o lisonjear do povo, mas o promover do povo, interpretando os seus interesses profundos e não as simples reivindicações pontuais de grupos, de activistas, de modas...

A democracia ética não torna a vida fácil ao povo: coloca-o perante dilemas, opções, responsabilidades. Mas só assim o povo assume as rédeas do poder e chega àquela maioridade de que, para as Luzes, falava Kant. E cuja promessa continua por cumprir, na semi– ou total tutela em que tantos vivem ainda. Desde logo, a paradoxal tutela dos *media*, tão certeiramente detectada por Adorno e Horkheimer (*Dialektik der Aufklärung*).

Evidentemente, o Direito conhece de forma muito mais rigorosa um conceito de "interesse público". É sempre utilíssima a consulta da tese de Rogério Ehrhardt Soares, *Interesse Público, Legalidade e Mérito.*

Do ponto de vista da Política, a democracia não se esgota, de modo nenhum, na representação, a qual, além de estar condicionada pelo interesse (e pelo bem) público, se encontra ainda limitada pelo Direito e mesmo pela Ética, que, obviamente, aquele deve tutelar no seu mínimo socialmente indispensável. Esta limitação do que se julga ser ilimitado encontra-se exposta, *v.g.*, por Alberto Montoro Ballesteros no seu *Razones y limites de la legitimación democrática del Derecho.* Contudo, há que ter um cuidado especial para que os limites materiais e naturais, ou a ideia de lei justa não venham a funcionar apenas como "trunfos" do naipe de certa ou certas posições ideológicas, contra outras. Embora se tenha de reconhecer que há ideologias ou práticas ideológicas que ferem, como que "por definição", a Pessoa e seus direitos: como muitos reconhecerão terem sido o nazismo e o fascismo, ou o estalinismo.

5. *Ideologias e Forças políticas*

O debate teórico sobre as ideologias é também ideológico. É impossível expor com objectividade as diferentes ideologias, e até dissertar com total isenção sobre o próprio conceito de ideologia. Cada um de nós pode não ser defensor fiel de uma ideologia, mas é evidente que umas nos seduzem mais que outras, e umas nos causam mais que outras aversão ou até repulsa. Daqui, e da subjectividade inerente ao homem, mas mais apaixonada em coisas de facção, decorre que a exposição é sempre contaminada pelas ideias próprias. Um admirador de Jorge Luís Borges não poderá nunca falar muito bem do peronismo; mesmo um esquerdista reconvertido ao capitalismo ou à social-democracia se entusiasmará (pelo menos no seu íntimo) com Che Guevara; a apresentação do tradicionalismo por um tradicionalista não é igual à sua apresentação por um anarquista, ou – por um simpes conservador; a análise do marxismo-leninismo difere muito se for visto por um trotsquista ou por um estalinista, ou por um libertário; a social-democracia tem cores "social-fascistas" para uns e socialistas para outras; aliás social-fascista é também insulto volvido por outros contra outros ainda; os mesmos maoístas que para uns são de esquerda, e extrema, para outros se incluem na direita; e os mesmos nazis, que passam por exemplo acabado da extrema direita para uns, são até de esquerda para outros; e ser conservador em tempo revolucionário não se sabe bem o que seja, etc.

Direita e esquerda são conceitos vacilantes e oscilantes: a uma direita e esquerda fixas, mais ou menos clássicas e consensuais internacionalmente, correspondem variantes exóticas locais, *chassés croisés*, e também um espectro político dinâmico: em que direita e esquerda não são lugares inamovíveis, mas posições relativas, entre partidos e políticas, que mudam com o tempo. E todavia, em muitos aspectos, históricos, simbólicos e programáticos, todos mais ou menos sabem distinguir uma coisa da outra, como duas famílias distintas ou, talvez melhor, quatro famílias ou grupos: no campo democrático, uma direita e uma esquerda democráticas; no campo ditatorial ou autoritário/totalitário, também uma esquerda e uma direita. Assim, é difícil haver enganos.

A melhor maneira de aprender o que são os partidos é conhecê-los por dentro, embora não se aconselhe, como método científico, essa observação participante por simples sacrifício à ciência. Como a lei portuguesa impõe que só se pertença a um apenas (de cada vez), a experiência teria as suas limitações... Sem ironia, a verdade é que a melhor forma de conhecer o sistema de partidos é conviver com eles, acompanhar com atenção e zelo a política. Não se entende muito da irracionalidade efectiva do fascinante jogo partidário, intrapartidos e interpartidos, sem uma qualquer paixão... Aqui o cientista frio não vai muito longe. Contudo, o militante empenhado também não conseguirá decerto ver com clareza... E o mesmo vale para sindicatos, grupos de pressão, etc.

Não se pode, contudo, ficar pelo empirismo, pelo conhecimento da conversa de café. Somos obrigados a ir um pouco mais além.

Embora mesmo em Marx, um dos principais se não o principal autor que falou sobre ideologia, o termo se revista de um sem número de significados, e noutros autores a questão se torne caleidoscópica, importa reter algumas ideias.

O termo ideologia nasceu no século das Luzes, no âmbito filosófico, como ciência das ideias, para Destutt De Tracy, e parece que no ideolecto privado de Napoleão isso de ser ideólogo não era muito cotado. Para um certo quadrante, passou a designar afinal uma vulgarização adaptada à ideias políticas de algumas ideias (ou filosofia políticas) dos filósofos. Uma das visões marxistas mais correntes é a de ideologia como falsa consciência, uma manifestação da superestrutura cultural. Karl Manheim opõe ideologia a utopia (*v.g.* na sua obra homónima), sendo, afinal, a utopia a ideologia dos não detentores do poder e ideologia o conjunto de artefactos culturais (legitimadores) dos que mandam. Roland Barthes prosseguiria na impiedosa desmontagem dos aparelhos ideológicos em sociedade e na cultura (Althusser fá-lo para o Estado), através da semiótica. Ainda hoje, um livro de teoria de comunicação como o de John Fiske é, em grande medida, ideológico: até na medida em que pretende desmontar a ideologia burguesa.

Um dos grandes problemas na análise ideológica consiste em que só se vê a tranca no olho do vizinho: os outros é que são ideológicos, os outros é que propagam um discurso falseador, legitimador, etc..

Independentemente dessa vastíssima ideologia de classe (como a burguesa e a anti-burguesa – e a esquecida aristocrática), há ideologias que *grosso modo* correspondem a forças políticas, normalmente partidos políticos. Um partido pode conter em si uma amálgama de ideologias (por exemplo, um partido – de direita ou de esquerda – de tipo frentista, um *catch-all-party*), assim como uma ideologia pode estar representada por diversos partidos. Normalmente quando este último caso ocorre ou propendem à aliança – o que acontece mais à direita, e com vista à governação – ou à disputa pela pureza ideológica, por vezes muito feroz – o que ocorre sobretudo na extrema esquerda.

As ideologias podem ser vulgarizações para consumo de massas, mas constituem, apesar de tudo, a alma dos partidos e das organizações políticas afins. Um partido sem ideologia é apenas uma grande máquina em luta pela conquista, manutenção e expansão do seu poder, sem qualquer idealismo, sem qualquer projecto consistente: porque a ideologia é o pano de fundo homogeneizador de todos os projectos.

As ideologias podem morrer, mas também podem renovar-se. Um dos motes de ainda há não muito era o da morte das ideologias. Duvidamos. Duvidamos muito. Realmento negamo-lo.

O que parece acontecer é que os abalos da contemporaneidade, e sobretudo a queda do Muro de Berlim, obrigaram a uma grande *metanoia* das esquerdas, a qual ainda está longe de ficar concluída.

O comunismo ortodoxo recicla-se ou definha. O socialismo democrático, que um dia Eduardo Lourenço de algum modo pareceu considerar em estado ideologicamente deficitário face ao socialismo marxista, vulgarmente designado por comunismo, esse, experimentou terceiras vias que estão também longe de ter esgotado as suas possibilidades. O perigo que enfrenta é dúplice: cair num irenismo reformista, ou perder a especificidade, deixando-se seduzir por uma fórmula não criativa e inovadora de marxismo, seja a mais ortodoxa, seja a de nova fórmula, mescla libertária, ambientalista, populista, frentista, etc. Mas, nas ideologias "discretas" e moderadas, as fraquezas e as hibridações são, não raro, forças. E tal como o liberalismo e a democracia se fundiram harmonicamente, assim também o socialismo e a democracia o fizeram já. E novos elementos serão assimiláveis.

Entretanto, a globalização do capitalismo atirou para a ribalta, o até há pouco estigmatizado liberalismo. O qual vive dividido entre a sua versão social, quase social-democrática, e o anarco--capitalismo, de pendor sobretudo conservador. A primeira de "centro", quiçá eventualmente centro-esquerda a segunda de "direita". Perderam com esta ascensão os conservadores, os tradicionalistas e os democratas cristãos (também histórica e internacionalmente divididos entre o centro esquerda e o centro direita – o que nem sempre é recordado).

Certa juventude é em alguns países tentada por neo-autoritarismos ou neo-totalitarismos, alguns violentos: sinal da crise que alguns ainda não querem reconhecer. E em larga medida também se inclinam outros para um desespero ou hedonismo sem horizonte político. A causa "verde" foi sendo assimilada por quase todos, e

Da Dinâmica ou dos Conflitos Políticos

a extrema-esquerda teve conversões e reconversões. Mas ainda longe de conquistar as grandes massas jovens, hoje mais pragmáticas: até excessivamente.

Outro perigo: infiltrando-se em todos os quadrantes e como fenómeno realmente preocupante aí está o pensamento único, o politicamente correcto. Monstro que se metamorfoseia parcialmente à esquerda se encarna na esquerda; à direita, se a direita o acolhe. Mas que tem uma feição comum: o abstraccionismo, a falta de bom senso, o voluntarismo, o corte com os valores, o mundo às avessas.

Uma ideologia nova, sem partido, mas de todos os partidos, sem bandeira, mas de todas as bandeiras. Um novo totalitarismo das consciências aspirando ao totalitarismo das sociedades.

Há apenas a esperança de que as "velhas" ideologias, renovadas, saibam, cada uma por si, continuar a *tornar-se no que são*, não cedendo aos cantos de sereia.

É tempo de um grande debate ideológico. E, mais ainda, de uma ponderada e sólida formação política nos diferentes partidos – para que saibam o que são, pelo que foram, pelo que os inspirou, para que continuem. Senão, podendo eventualmente continuar a ter votos, perecerão na alma.

BIBLIOGRAFIA MÍNIMA

Síntese: PAULO FERREIRA DA CUNHA, *Repensar a Política*, Coimbra, Almedina, 2005, máx. p. 213 ss.
Idem, *O Século de Antígona*, Coimbra, Almedina, 2003

Textos clássicos: ROSEN, MICHAEL & WOLFF, JONATHAN (eds.), *Political Thought*, Oxford, Oxford University Press, 1999; STIRK, PETER M. R. & WEIGALL, DAVID, *An Introduction to Political Ideas*, Londres, Pinter, 1995

Ideologias, Partidos, *et al.*: MIGUEL CAMINAL BADIA (ed.), *Manual de Ciencia Politica*, 2.ª ed., reimp., Madrid, Tecnos, 2001; RICARDO DE LA CIERVA, *La Derecha Sin Remedio (1801-1987)*, Barcelona, Plaza & Janes, 1987;

Gustavo Corção, *O Século do Nada*, Rio de Janeiro / São Paulo, Record, s/d, pp. 75-109; Jean-Marie Denquin, *Science Politique*, 4.ª ed., Paris, PUF, 1992; Jean-Marie Donegani / Marc Sadoun, *La démocratie imparfaite, Essai sur le parti politique*, Paris, Folio-Essais, 1994; Victor Abreu Fernández *et al., Curso de Partidos Politicos*, Akal, 1997; Barbara Goodwin, *Using Political Ideas*, 4.ª ed., 2.ª reimp., Chichester, 1999; Eduardo Lourenço, "Ideologia e Dogmatismo", in *Heterodoxia*, II. *Ensaios*, Coimbra, Coimbra Editora, 1967, p. 159 ss.; *Idem, Esquerda na Encruzilhada ou Fora da História?*, in "Finisterra. Revista de Reflexão e Crítica", Outubro 2002 2002, n.º 44, pp. 7-11; Emmanuel Mounier, "Court traité de la mythique de gauche", *Œuvres de...*, IV, Paris, Seuil, 1963; Michel Offerle, *Les partis politiques*, Paris, P.U.F., 1987

Cidadania: Gabriel Almond / Sydney Verba, *The Civic Culture*: *Political Attitudes and democracy in Five Nations*, Princeton, Princeton University Press, 1963; Fred Constant, *La Citoyenneté*, Paris, Montchrestien, 1998; Claude Mossé, *Le Citoyen dans la Grèce Antique*, Paris, Nathan, 1993

Interesse Público: Rogério Ehrhardt Soares, *Interesse Público, Legalidade e Mérito*, Coimbra, Atlântida, 1959

Bibliografia Geral

0. Internet. Sites:

O acesso aos grandes *sítios* de Política e das *Epistemai* sobre a Política pode fazer-se com vantagem através de alguns excelentes *portais* portugueses:

—— *Associação Portuguesa de Ciência Política*:
http://www.apcp.pt/default.asp
—— *Centro de Estudos do Pensamento Político*, do ISCSP (e da página do seu Director, Prof. Doutor José Adelino Maltês
– http://maltez.home.sapo.pt/): http://www.iscsp.utl.pt/ – Investigação – Centros de Estudos – Centro de Estudos do Pensamento Político
—— De interesse entre nós é também o *sítio* dos Cadernos Electrónicos do Instituto Jurídico Interdisciplinar da Faculdade de Direito da Universidade do Porto – "Antígona": www.antigona.web.pt, ou via www.direito.up.pt/IJI.

1. Direito Constitucional (autores portugueses recentes)

José Joaquim Gomes CANOTILHO, *Direito Constitucional e Teoria da Constitui-ção*, Coimbra, Almedina, última ed.
Paulo Ferreira da CUNHA, *Teoria da Constituição*, Lisboa / São Paulo, Verbo, I vol. 2000, II vol. 2002
Idem, Res Publica. Ensaios Constitucionais, Coimbra, Almedina,
Jorge MIRANDA, *Manual de Direito Constitucional*, Coimbra, Coimbra Editora, vários vols., últimas ed. respectivas
Rogério Ehrhardt SOARES, *Direito Constitucional: Introdução, o Ser e a Orde-nação Jurídica do Estado*, in AA. VV., *Instituições de Direito*, II, Coim-bra, Almedina, 2000, pp. 29-87
Marcelo Rebelo de SOUSA, *Direito Constitucional – Introdução à Teoria da Constituição*, Braga, Livraria Cruz, 1979

224 *Política Mínima*

2. Ciência Política (autores portugueses recentes)

António Marques BESSA / Jaime Nogueira PINTO, *Introdução à Política*, Lisboa / São Paulo, Verbo, 1999 -...(2 vols. editados)

Marcello CAETANO, *Manual de Ciência Política e Direito Constitucional*, I, 6.ª ed., Coimbra, Almedina, 1989

Armando Marques GUEDES, *Ciência Política – Teoria Geral do Estado*, Lisboa, ed. da AAFDL, 1982

Idem, Ideologias e sistemas políticos, Lisboa, Instituto de Altos Estudos Militares, 1984

António de Sousa LARA, *Ciências Políticas – metodologia, doutrina e ideologia*, Lisboa, ISCSP, 1998

José Adelino MALTÊS, *Princípios de Ciência Política*, ISCP, Lisboa, 1996 -... (2 vols. Editados)

Jorge MIRANDA, *Ciência Política – formas de governo*, Lisboa, edição do PBX da FDUL, 1996

Adriano MOREIRA, *Ciência Política*, Coimbra, Almedina, 1992

Nuno ROGEIRO, *Política*, 3.ª ed., s/l, Quimera, 2002

Francisco Lucas PIRES, *Introdução à Ciência Política*, Porto, Universidade Católica, 1998

Rogério Ehrhardt SOARES, *Direito Público e Sociedade Técnica*, Coimbra, Atlântida, 1969

Marcello Rebelo de SOUSA, *Ciência Política. Conteúdos e Métodos*, Coimbra, Coimbra Editora, 1989

3. Teoria Geral do Estado e afins

Louis ALTHUSSER, *Idéologie et apareils idéologiques d'Etat*, La Pensée, trad. port. de Joaquim José de Moura Ramos, *Ideologia e Aparelhos Ideológicos do Estado*, Lisboa, Presença, 1974

Blandine BARRET-KRIEGEL, *L'Etat et les Esclaves*, Paris, Payot, 1989

Norberto BOBBIO, *A Teoria das Formas de Governo*, 4.ª ed., trad. bras., Brasília, Universidade de Brasília, 1985

Georges BURDEAU, *L'Etat*, Paris, Seuil, 1970

Paulo Ferreira da CUNHA, (org.), *Teoria do Estado Contemporâneo*, Lisboa / São Paulo, Verbo, 2003

François EWALD, *L'Etat Providence*, Paris, Grasset, 1986

Herman HELLER, *Teoría del Estado*, trad. cast., México, F. C. E., 1974

G. JELLINEK, *Teoría General del Estado*, trad. cast. de Fernando de los Ríos Urruti, Granada, Comares, 2000

Hans KELSEN, *Teoria General del Estado*, 14.ª ed. cast., Mexico, Editora Nacional, 1979

Martin KRIELE, *Introducción a la Teoria del Estado*, tr. cast., Buenos Aires, Depalma, 1980

Pablo LUCAS VERDÙ / Pablo Lucas MURILLO DE LA CUEVA, *Manual de Derecho Politico. I. Introducción y Teoria del Estado*, Madrid, Tecnos, 1987

José Adelino MALTEZ, *Curso de Relações Internacionais*, Estoril, Princípio, 2002

Jacques MARITAIN, *L'Homme et l'Etat*, Paris, P.U.F., 1953 (2.ª ed., 1965)

Adriano MOREIRA, *Teoria das Relações Internacionais*, Coimbra, Almedina, última ed.

Idem, *et alii, Legado Político do Ocidente. O Homem e o Estado*, Lx., Estratégia, Lx., 1995

Dalmacio NEGRO, *Gobierno y Estado*, Madrid/Barcelona, Marcial Pons, 2002

Jorge Reis NOVAIS, *Contributo para uma Teoria do Estado de Direito, do Estado de Direito liberal ao Estado social e democrático de Direito*, separata do vol. XXIX du Suplemento ao "Boletim da Faculdade de Direito" da Universidade de Coimbra

J. Machado PAUPÉRIO, *Teoria Geral do Estado*, Rio de Janeiro, Forense, 1983

José Pedro Galvão de SOUSA, *O Totalitarismo nas origens da Moderna Teoria do Estado*, s/e, São Paulo, 1972

Idem, *Politica e Teoria do Estado*, São Paulo, Saraiva, 1957

Idem, *Da Representação Política*, São Paulo, Saraiva, 1971

Reinhold ZIPPELIUS, *Teoria Geral do Estado*, trad. port., Lx., Fundação Calouste Gulbenkian, 1974

4. *História Política e das Ideias Políticas e afins*

AMARAL, Diogo Freitas do, *Ciência Política*, I, nova edição, Lisboa, 1994; II, 2.ª ed., Lisboa, 1991 (policóp.)

AMARAL, Diogo Freitas do, *História das Ideias Políticas*, I, 3.ª reimpressão, Coimbra, Almedina, 2003 (1.ª ed. 1997)

ARON, Raymond, *Les étapes de la pensée sociologique*, Paris, Gallimard, 1967, trad. port. de Miguel Serras Pereira, *As Etapas do Pensamento Sociológico*, s.l, Círculo de Leitores, 1991

BRONOWSKI, J. / MAZLISCH, Bruce, *The Western Intelectual Tradition*, 1960, trad. port. de Joaquim João Braga Coelho Rosa, *A tradição intelectual do Ocidente*, Lisboa, Edições 70, 1988

BURNS, J. H. (ed.), *The Cambridge History of Political Thought. 1450-1700*, Cambridge, Cambridge Univ. Press, 1991

226 *Política Mínima*

CALMON, Pedro, *História das Ideias Políticas*, Rio de Janeiro / São Paulo, Livraria Freitas Bastos, 1952

CHÂTELET, F. / DUHAMEL, O. / PISIER, E., *Dictionnaire des Œuvres Politiques*, Paris, P.U.F., 1986 (há nova edição)

CHEVALIER, Jean-Jacques, *Histoire de la pensée politique*, nova ed., Paris, Payot, 1993

CHEVALIER, Jean-Jacques, *Les Grandes Œuvres politiques de Machiavel à nos jours*, reed., Paris, Colin, 1986

COSTON, HENRI (dir.), *Dictionnaire de la Politique française,* La Librairie française, 1967

GETTELL, Raymond G., *História das Ideias Políticas*, trad. e nota final de Eduardo Salgueiro, Lisboa, Editorial Inquérito, 1936

GOYARD-FABRE, Simone, *Philosophie Politique, XVIe-XXe siècle*, Paris, P.U.F., 1987

LARA, António Sousa, *Da História das Ideias Políticas à Teoria das Ideologias*, 3.ª ed., Lisboa, Pedro Ferreira, 2000

MONCADA, Cabral de, *Filosofia do Direito e do Estado*, II vols., Coimbra, Coimbra Editora, I, 2.ª ed. 1953, II, 1966, nova ed. em um único volume, *ibidem*, 1995 (interessa sobretudo a I parte ao nosso presente estudo)

MOSCA. G. / BOUTHOUL, G., *Histoire des doctrines politiques*, Paris, Payot, trad. port. de Marco Aurélio de Moura Matos, *História das Doutrinas Políticas*, 3.ª ed., Rio de Janeiro, Zahar, 1968

ORY, Pascal (dir.), *Nouvelle Histoire des Idées Politiques*, Paris, Hachette, 1987

PISIER, Evelyne, *et al.*, *Histoire des idées politiques*, Paris, PUF, trad. port. de Maria Alice Farah Calil Antonio, *História das Ideias Políticas*, Barueri, São Paulo, Manole, 2004

PRÉLOT, Marcel / LESCUYER, Georges, *Histoire des Idées Politiques*, Paris, Dalloz, 1997, trad. port. de Regina Louro e António Viana, *História das Ideias Políticas*, Lisboa, Presença, 2000, 2001, 2 vols.

RAYNAUD, Philippe / RIALS, Stéphane (dir.), *Dictionnaire de philosophie politique*, 3.ª ed., Paris, PUF, 2003

RENAUT, Alain (dir.), *Histoire de la philosophie politique*, Paris, Calman-Lévy, 1999, trad. port., *História da Filosofia Política, Lisboa,* Instituto Piaget, 2000, 5 vols.

SABINE, George, *A History of Political Theory*, Nova Iorque, Holt, Rinehart e Winston, 1937, 20.ª rcimp. da ed. em língua castelhana, *Historia de la Teoria Politica*, México, Fondo de Cultura Económica, 1945

THEIMER, Walter, *História das Ideias políticas*, trad. port., Lisboa, Arcádia, 1970

TOUCHARD, Jean (org.), *História das Ideias Políticas,* trad. port., Lx., Europa-América, 1970, vários vols.

Bibliografia Geral 227

Truyol Serra, Antonio, *Historia da Filosofia do Direito e do Estado*, II vols., Lisboa, Instituto de Novas Profissões, I, 1985, II 1990
Vallançon, François, *L'État, le droit et la société modernes*, Paris, Armand Colin, 1998

5. *Filosofia Política e afins*

Philippe Corcuff, *Philosophie politique*, Paris, Nathan/Her, 2000, trad. port., de Duarte da Costa Cabral, *Filosofia Política*, Mem Martins, Europa--América, 2003
Bernard Crick, *In Defense of Politics*, 4.ª ed., Londres, Weinfeld & Nicolson, 1992
Paulo Ferreira da Cunha, *O Século de Antígona*, Coimbra, Almedina, 2003
Idem (org.), *Direitos Humanos. Teorias e Práticas*, Coimbra, Almedina, 2003, Prefácio de Jorge Miranda
Luc Ferry / Alain Renaut, *Philosophie Politique*, Paris, P.U.F., 1984-1985, 3 vols.
Julien Freund, *L'essence du Politique*, nova ed.., Paris, Sirey, 1986
Bertrand de Jouvenel, *Du Pouvoir,* Paris, Hachette, 1972
Steven Lukes, *The Curious Enlightenment of Professor Caritat*, Verso, 1995, trad. port. de Teresa Curvelo, revisão de Manuel Joaquim Viera, *O Curioso Iluminismo do Professor Caritat*, Lx., Gradiva, 1996
Antonio-Carlos Pereira Menaut, *Política y Derecho. Doce Tesis sobre la Politica*, in AA. VV., *Instituições de Direito*, I, Coimbra, Almedina, 1998, pp. 149-187
Fernando Savater, *Política para Amador*, Barcelona, Ariel, 1992, trad. port. de Miguel Serras Pereira, *Política para um Jovem*, 2.ª ed., Lx., Presença, 1998
Leo Strauss, *What is Political Philosophy?*, Glencoe, The Free Press, 1959
George Steiner, *Nostalgia for the Absolute*, 4.ª ed. cast. de María Tabuyo e Agustín López, Madrid, Siruela, 2001
Nicolas Tenzer, *Philosophie Politique*, Paris, P.U.F., 1994
Geoffey Thomas, *Introduction to Political Philosophy*, London, Dockworth, 2000
Jean-Marc Trigeaud, *Éléments d'une Philosophie Politique*, Bordeaux, Biere, 1993
Jonathan Wolff, *An Introduction to Political Philosophy*, trad. port. de Maria de Fátima St. Aubyn, Lisboa, Gradiva, 2004

6. Sociologia Política

Badie BERTRAND / Pierre BIRNBAUM, *Sociologie de l'Etat*, Paris, Grasset, 1982
Maurice DUVERGER, *Introduction à la politique*, Paris, Gallimard, 1963, trad. port. de Mário Delgado, *Introdução à Política*, ed. esp., Lx., Estúdios Cor, 1977
Jacques MOREAU / Georges DUPUIS / Jacques GEORGEL, *Sociologie Politique*, Paris, Cujas, 1966
Madeleine GRAWITZ, *Méthode des sciences sociales*, 8.ª ed., Paris, Dalloz, 1990 (há nova ed.)

7. Dicionários, Enciclopédias, Obras de referência

BERTI, Enrico / CAMPANINI (dir.), *Dizionario dellle idee politiche*, Roma, AVE, 1993
F. CHÂTELET / O. DUHAMEL / E. PISIER, *Dictionnaire des Œuvres Politiques*, Paris, P.U.F., 1986 (há nova ed.)
Dominique COLAS, *Dictionnaire de la pensée politique*, Paris, Larousse, 1997
Christopher Berry GRAY (ed.), *The Philosophie of Law. An Encyclopedia*, Nova Iorque / Londres, Garland, 1999, 2 vols.
José Adelino MALTEZ, *Tradição e Revolução. Uma Biografia do Portugal Político do século XIX ao XXI*, Lisboa, Tribuna da História, 2005, 2 vols.
David MILLER *et. al.* (eds.), *The Blackwell Encyclopaedia of Political Thought*, Oxford, Basil Blackwell, 1987
Enciclopédia Pólis. Enciclopédia Verbo da Sociedade e do Estado, Editorial Verbo, Lx. / São Paulo, 1983..., 5 vols.
Philippe RAYNAUD, Stéphane RIALS (dir.), *Dictionnaire de Philosophie politique*, 3.ª ed., Paris, P.U.F., 2003
José Pedro Galvão de SOUSA / Clovis Lema GARCIA / José Fraga Teixeira de CARVALHO, *Dicionário de Política*, São Paulo, T.A Queiroz Editor, 1998

8. Alguns textos clássicos

Sófocles, *Antígona*, há eds. de bolso Verbo e Inquérito
Platão, *A República*, há ed. port. Fundação Gulbenkian
Aristóteles, *Políticas*, há ed. de bolso Europa-América, *Ética(s) a Nicómaco*, há ed. port Quetzal
Plutarco, *Vidas de Gregos e Romanos Ilustres*, vidas de Tibério e Caio Graco e destes comparadas...

Bíblia, I Samuel, I Reis; Mateus, XXII, 15-22; Actos, XXI, 1-26
Tácito, *Anais*, Livro I, XIII-XVI
Agostinho, *Cidade de Deus*, há ed. Fundação Calouste Gulbenkian
Tomás de Aquino, *Suma Teológica*, "Tratado da Lei" e "Tratado da Justiça", máx. Ia IIæ, qq. 90-97; IIa IIæ, qq. 57-61, ed. cast. BAC, ed. fr. Cerf, há ed. brasileira
Maquiavel, *O Príncipe*, há ed. de bolso Europa-América e Guimarães editores
Hobbes, *Leviathan*
Shakespeare, *Henrique IV*
Locke, *Segundo Tratado do Governo Civil* (trad. port. de João Oliveira Carvalho: *Ensaio sobre a verdadeira origem, extensão e fim do governo civil*, Londres, 1833; trad. bras. de Fernando Henrique Cardoso e Leôncio Marins Rodrigues, Brasília, Universidade de Brasília, 1982)
Montesquieu, *Do Espírito das Leis*, há trad. bras. Univ. Brasília
Rousseau, *Do Contrato Social*, há ed. de bolso Europa-América
John Stuart Mill, *Da Liberdade*
Karl Marx/Friedrich Engels, *Manifesto do Partido Comunista*, várias trads. portuguesas
Tocqueville, *Da Democracia na América*, máx. I vol., introdução, II parte, cap. Caps, I, II, VI-VIII, II vol., I parte, caps. I-IV, XIII, XV, II parte, caps. I-V, XIII, XVII, III parte, caps. I-XII, XIX-XXIII, Parte IV, cap. VI, há ed. port. Principia
Albert Camus, *Os Justos*, há ed. port. Livros do Brasil

(da maior parte destes textos há também, por exemplo, versão inglesa, na colecção Great Books, *da Enciclopédia Britânica)*

OBRAS CITADAS

Para além das obras recomendadas nas *Bibliografias Mínimas* e na *Bibliografia Geral*, citámos, a propósito, algumas obras, a título de referência, fonte, ou ilustração. Aqui se registam os estudos expressamente referidos ao longo do livro, excluindo, em geral, os que apenas figuram nas Bibliografias. Não se mencionam trabalhos do autor.

AA. VV., *Repensar a Cidadania. Nos 50 Anos da Declaração*, Lx., Editorial Notícias 1998
Adorno, Theodor W. / Horkheimer, Max, *Dialektik der Aufklärung*, S. Fischer, 1969, trad. ing. de John Cumming, *Dialectic of Enlightenment*, Londres / Nova Iorque, Verso, 1997

AMARAL, DIOGO FREITAS DO, *Estado*, in "Pólis. Enciclopédia Verbo da Sociedade e do Estado", vol. II, Lx., Verbo, 1984, col. 1126 ss.

AQUINO, TOMÁS DE, *Summa Theologiae*, trad. fr., *Somme Théologique*, Paris, Cerf, 1984-86, 4 vols.

ARISTÓTELES (Aristote), *Ethique à Nicomaque*, tr. fr., 6.ª tiragem, Paris, Vrin, 1987

ARON, RAYMOND, *Paix et Guerre entre les Nations*, Paris, Calmann-Lévy 1962, nova ed. 1984

BACHOF, OTTO, *Normas Constitucionais Inconstitucionais?*, trad. port., Coimbra, Atlântida, 1977

BARTHES, ROLAND, *Mythologies*, Paris, Seuil, 1957, ed. port. com prefácio e trad. de José Augusto Seabra, Lisboa, Edições 70, 1978

BESSA, ANTÓNIO MARQUES, *Quem Governa? Uma Análise Histórico-política do tema da Elite*, Lx., ISCSP, Março de 1993

BLOCH, ERNEST, *Das Prinzip Hoffnung*, trad. cast. de Felipe Gonzalez Vicén, *El Principio Esperanza*, Madrid, Aguilar, 1961

BODIN, JEAN, *Les six livres de la république* (1576), trad. cast. e estudo preliminar de Pedro Bravo Gala, *Los Seis Libros de la República*, Madrid, Tecnos, 1985

BONAVIDES, PAULO, *Ciência Política*, 4.ª ed., Rio de Janeiro, Forense, 1978

BOUDON, RAYMOND, *Le juste et le vrai*, Paris, Fayard, 1995

CAMINAL BADIA, MIGUEL (ed.), *Manual de Ciencia Politica*, 2.ª ed., reimp., Madrid, Tecnos, 2001

CANOTILHO, JOSÉ JOAQUIM GOMES, *Direito Constitucional e Teoria da Constituição*, Coimbra, Almedina, vv. Eds. (citada designadamente a 1.ª, de 1998)

CARVALHO, JOSÉ LIBERATO FREIRE DE, *Memórias da Vida de...*, 2.ª ed., Lx., Assírio & Alvim, 1982 (1.ª ed. 1855)

Centro de Estudos do Pensamento Político – http://www.iscsp.utl.pt/~cepp/ indexanu.php3

CHORÃO, JOÃO BIGOTTE, *Repreensão e Louvor a Ramalho*, in *Os Vencidos da Vida*. Ciclo de Conferências promovido pelo Círculo Eça de Queiroz, Lisboa, 1989, p. 117 ss..

CHORÃO, MÁRIO BIGOTTE, *Introdução ao Direito, I. O Conceito de Direito*, Coimbra, Almedina, 1989

CHORÃO, MÁRIO BIGOTTE, *Temas Fundamentais de Direito*, Coimbra, Almedina, 1986

CHRISTIE, AGATHA, *An Autobiography*, trad. port. de Maria Helena Trigueiros, *Autobiografia*, Lx., Livros do Brasil, s/d.

CLAUSEWITZ, *Vom Kriege*; sobre as suas trads.: http://www.clausewitz.com/CWZHOME/WhichTrans.html

COAGUILA VALDIVIA, JAIME FRANCISCO, *La postmodernidad light. Crítica sobre las nociones de Postmodernidad en el discurso jurídico contemporáneo*, in "Revista Telemática de Filosofía del Derecho", – http://

www.filosofiayderecho.com/rtfd/numero5/postmodernidad.htm (16 – VIII– 2002).

CORTESÃO, JAIME, *Os Factores Democráticos na Formação de Portugal*, 4.ª ed., Lx., Livros Horizonte, 1984

D'ORS, ÁLVARO, *Bien Común y Enemigo Público*, Madrid/ Barcelona, Marcial Pons, 2002

D'ORS, ÁLVARO, *Derecho y Sentido Común. Siete lecciones de derecho natural como límite del derecho positivo*, Madrid, Civitas, 1995

DENQUIN, JEAN-MARIE, *Science Politique*, 4.ª ed., Paris, PUF, 1992

DURKHEIM, EMILE, *Les règles de la méthode sociologique*, Paris, PUF, 1990.

ECO, UMBERTO, *O Nome da Rosa*, trad. port. de Maria Celeste Pinto, 5.ª ed., Lx., Difel,1984

EDELMAN, BERNARD, *Le Droit, les 'vraies' sciences et les 'fausses' sciences,* in "Archives de Philosophie du Droit", XXXVI, Paris, Sirey, 1991, p. 55 ss.

EDELMAN, BERNARD, *La Personne en danger*, Paris, PUF, 1999

ENDRES, JOSEF, *Gemeinwohl heute,* Innsbruck/ Viena, 1989

ESPADA, JOSÉ CARLOS, *A Tradição da Liberdade*, Cascais, Principia, 1999

ÉSQUILO (ESCHYLE), *Prometeu Agrilhoado, Agamémnon*, n/ ed. em trad. fr. de Jean Grosjean, ed. Pléiade, in *Tragiques Grecs. Eschyle/Sophocle*, Paris, Gallimard, 1967

FREITAS, JUAREZ, *A Substancial Inconstitucionalidade de Lei Injusta*, Petrópolis, RJ, Vozes, Porto Alegre, RS, EDIPVCRS, 1989

FUKUYAMA, FANCIS, *The End of History and the last Man*, trad. port. de Maria Goes, *O Fim da História e o Último Homem*, Lx., Gradiva, 1992

GIRARD, RENÉ, *Le bouc émissaire*, Paris, Grasset, 1982

GIRARD, RENÉ, *Das choses cachées depuis la fondation du monde*, Paris, Grasset, 1978

GIRARD, RENÉ, *La violence et la sacré*, Paris, Grasset, 1972

GOUVEIA, JOÃO VELASCO, *Iusta Aclamação do Serenissimo Rey de Portugal D. Ioão o IV...*, Lx., Officina de Lourenço de Anveres, 1644

GRAWITZ, MADELEINE, *Méthodes des Sciences Sociales*, 7.ª ed., Paris, Dalloz, 1986

HEYWOOD, ANDREW, *Political Theory. An Introduction*, 2.ª ed., Houndmills/Nova Iorque, 1999 STIRK, PETER M. R. & WEIGALL, DAVID, *An Introduction to Political Ideas*, Londres, Pinter, 1995

ISIDORO DE SEVILLA, *Etimologias*, ed. bilingue preparada por Jose Oroz Reta e Manuel-A. Marcos Casquero, com introd. geral de Manuel C. Diaz y Diaz, I, 2.ª ed., Madrd, B.A.C., 1993

JACOBS, EDGAR P., *Le piège diabolique*, Bruxelles, Le Editions Blake et Mortimer, 1990, trad. port., *A Armadilha Diabólica*, Lx., Meribérica, 1993

JOHNSON, NEVIL, *The Limits of Political Science*, Oxford University Press, 1989, trad. cast. de Julia Moreno San Martín, *Los Límites de la Ciencia Politica*, Madrid, Tecnos, 1991

232   Política Mínima

KANTOROWICZ, ERNST, *The Kings two bodies. A Study in Mediaeval Political Theology* [1.ª ed. 1957], trad. fr. de Jean Philippe Genet e Nicole Genet, *Les Deux Corps du Roi. Essai sur la Théologie Politique au Moyen Âge*, Paris, Paris, Galimard, 1989

KOSLOWSKI, PETER (org.), *Das Gemeinwohl zwischen Universalismus und Particularismus: zur Theorie des Gemeinswohls und der Gemeinwohlwirkung von Ehescheidung, politischer Sezession und Kirchentrennung*, Stuttgart/Bad Cannstatt, 1999

LANE, GILLES, *À quoi bon la Philosophie*, 3.ª ed., Québec, Bellarmin, 1997

LATOUR, Sophie Guérard, *La Societé Juste. Égalité et différence*, trad. port., *A Sociedade Justa, Igualdade e Diferença*, Porto, Porto Editora, 2003

LECLERCQ, JACQUES, *Do Direito Natural à Sociologia*, trad. bras., S. Paulo, Livraria Duas Cidades, s/d.

LECLERCQ, JACQUES, *Do Direito Natural à Sociologia*, trad. bras., S. Paulo, Livraria Duas Cidades, s/d.

LENOBLE, JACQUES/OST, FRANÇOIS, *Droit, mythe et Raison – essai sur la dérive mytho-logique de la rationalité juridique*, Bruxelas, Fac. Univ. Saint-Louis, 1980

LEPENIES, WOLF, *Ascesa e declinio degli Intellettuali in Europa*, Roma/Bari, Laterza, 1992, trad. port. de João Gama, *Ascensão e declínio dos intelectuais na Europa*, Lx., Edições 70, 1995

LOCKE, JOHN, *Second Treatise of Government* [1690], ed. by C.B. Macpherson, Indianapolis, Hackett, 1987 (trad. port. de João Oliveira Carvalho: *Ensaio sobre a verdadeira origem, extensão e fim do governo civil*, Londres, 1833; trad. bras. de Fernando Henrique Cardoso et Leôncio Marins Rodrigues, Brasília, Universidade de Brasilia, 1982)

LUKES, STEVEN, *O Curioso Iluminismo do Professor Caritat*, trad. port. de Teresa Curvelo, Lx., Gradiva, 1996

MALHO, LEVI, *O Deserto da Filosofia*, Porto, Rés, 1987

MALTEZ, JOSÉ ADELINO, *A Procura da Ciência Política*, relatório de Agregação no ISCSP, 1997 – http://maltez.home.sapo.pt/.

MALTEZ, JOSÉ ADELINO, *Princípios de Ciência Política*, Lisboa, ISCP, 1996

MAN, PAUL DE, *The Resistance to Theory*, trad. port. de Teresa Louro Pérez, *A resistência à teoria*, Lx., Edições 70, 1989,

MAQUIAVEL, NICOLAU, *O Príncipe*, n/ ed., trad. port. de Carlos Eduardo de Soveral, Lx., Guimarães, 1984

MARÍAS, JAVIER, *Todas las Almas*, trad. port. de Salvato Telles de Menezes, com Prefácio de António Lobo Antunes, *Todas as almas*, Lx., Dom Quixote, 2002

MARTINS, OLIVEIRA, *História da Civilização Ibérica*, 12.ª ed., Lx., Guimarães Editores, 1994

Bibliografia Geral

MIRANDA, JORGE, *Constituição. Direito Constitucional*, in "Pólis", I, Lx., Verbo, 1983, col. 1156 ss.

MIRANDA, JORGE, *Manual de Direito Constitucional*, vv. vols, vv. Eds., Coimbra, Coimbra Editora (cit. designadamente a ed. de 2000 do tomo II)

MONTESQUIEU, *De l'Esprit des Lois*, n/ ed. in *Oeuvres Complètes*, Paris, Seuil, 1964. p. 527 ss.

MONTORO BALLESTEROS, ALBERTO, *Razones y limites de al legitimación democrática del Derecho*, Murcia, Universidad de Murcia, 1979

MOREIRA, ADRIANO, *Nação*, in "Pólis. Enciclopédia Verbo da Sociedade e do Estado", Lx. / São Paulo, vol. IV, 1986, cols. 492-503

MOREIRA, ADRIANO, *Teoria das Relações Internacionais*, Coimbra, Almedina, 1.ª ed. 1996 (vai em 4.ª ed.)

MUCCHIELLI, ROGER, *Le Mythe de la cité idéale*, Brionne, Gérard Monfort, 1960. (reimp. PUF, 1980)

NEVES, FERNANDO DOS SANTOS, *Introdução ao Pensamento Contemporâneo. Razões e Finalidades*, Lx., Edições Universitárias Lusófonas, 1997

O'NEILL, ALEXANDRE, "Idiotia e Felicidade", in *Uma Coisa em Forma de Assim*, Lisboa, Assírio & Alvim, 2004, pp. 189 ss.

OTTONELLO, PIER PAOLO, *La Barbarie Civilizzata*, Génova, Arcipelago, 1993

PASCOAES, TEIXEIRA DE, *Arte de Ser Português*, nova ed. com prefácio de Miguel Esteves Cardoso, Lisboa, Assírio e Alvim, 1991

PEREIRA, MIGUEL SERRAS, *Exercícios de Cidadania*, Lx., Fim de Século, 1999

PIEPER, JOSEF, *Offenheit fuer das Ganze – die chance der Universitaet*, trad. bras. de Luiz Jean Lauand e Gilda N. Maciel de Barros, *Abertura para o Todo: A Chance da Universidade*, São Paulo, APEL, 1989

PINA, MANUEL ANTÓNIO, *Os Livros*, Lisboa, Assírio & Alvim, 2003

PIRES, FRANCISCO LUCAS, *Introdução à Ciência Política*, Porto, Universidade Católica, 1998

QUENTAL, ANTERO DE, *Causas da Decadência dos Povos Peninsulares*, 6.ª ed., Ulmeiro, 1994

RAMIRO AVILÉS, MIGUEL ÁNGEL, *Utopía y Derecho*, Madrid / Barcelona, Marcial Pons, 2002

RÉGIO, JOSÉ, « Cântico Negro », in *Poemas de Deus e do Diabo*, 1925

RODRIGUES, NELSON, "Assim é um Líder", in *O óbvio Ululante. Primeiras Confissões*, 8.ª reimp., São Paulo, Companhia das Letras, 2002, p. 90 ss.

ROGEIRO, NUNO, *Política*, 3.ª ed., s/l, Quimera, 2002

ROSEN, MICHAEL & WOLFF, JONATHAN (eds.), *Political Thought*, Oxford, Oxford University Press, 1999

ROUSSEAU, JEAN JACQUES, *Du Contrat Social* (n/ ed. in *Oeuvres Complètes*, Paris, Seuil, 1971, 3 vols).

SALDANHA, NELSON, *Da Teologia à Metodologia. Secularização e crise no pensamento jurídico*, Belo Horizonte, Del Rey, 1993.

SANTOS, DELFIM, "O Normativo e o Homem", in *Obras Completas*, vol. I, 2.ª ed., Lisboa, Fundação Calouste Gulbenkian, 1982

SÉRGIO, ANTÓNIO, *Cartas de Problemática*, Carta n.º 4, Lx., 1952

SÉRGIO, ANTÓNIO, *Diálogos de Doutrina Democrática*, e *Democracia* in *Democracia*, Lx., Livraria Sá da Costa, 1974

SILVA, LÚCIO CRAVEIRO DA, *Ensaios de Filosofia e Cultura Portuguesa*, Braga, Faculdade de Filosofia, 1994

SOARES, ROGÉRIO EHRHARDT, *Constituição. Política*, in Pólis, I, Lx., Verbo, 1983, col. 1164 ss..

SOARES, ROGÉRIO EHRHARDT, *Direito Público e sociedade técnica*, Coimbra, Atlântida, 1969

SOARES, ROGÉRIO EHRHARDT, *Interesse Público, Legalidade e Mérito*, Coimbra, Atlântida, 1959

SOARES, ROGÉRIO EHRHARDT, *O Conceito Ocidental de Constituição*, in "Revista de Legislação e Jurisprudência", Coimbra, nos. 3743-3744, p. 36 ss.; p. 69 ss., 1986

SÓFOCLES, *Édipo Rei*, trad. fr. de Jean Grosjean, ed. Pléiade, in T*ragiques Grecs. Eschyle/Sophocle*, Paris, Gallimard, 1967

SOUSA, JOSÉ PEDRO GALVÃO DE / GARCIA, CLOVIS LEMA / CARVALHO, JOSÉ FRAGA TEIXEIRA DE, *Dicionário de Política*, São Paulo, T. A. Queiroz Editor, 1998

SOUSA, JOSÉ PEDRO GALVÃO DE, *Da Representação Política*, São Paulo, Saraiva, 1971

SOUSA, JOSÉ PEDRO GALVÃO DE, *Política e Teoria do Estado*, São Paulo, Saraiva, 1957

SOUSA, MARCELLO REBELO DE, *Ciência Política.Conteúdos e Métodos*, Coimbra, Coimbra Editora, 1989

TARDE, GABRIEL DE, *Les lois de l'imitation,* Paris, 1895, trad. port., *As Leis da Imitação*, Porto, Rés, s/d.

TEIXEIRA, ANTÓNIO BRAZ, *Sentido e Valor do Direito. Introdução à Filosofia Jurídica*, 2.ª ed., Lisboa, Imprensa Nacional-Casa da Moeda, 2000

TOCQUEVILLE, ALEXIS DE, *De la Démocratie en Amérique*, Paris, Garnier-Flammarion, 1981, 2 vols.

TRIGEAUD, JEAN-MARC, *La Théorie du Droit face aux savoirs de substitution*, in «Persona y Derecho», vol. 32, 1995, p. 23 ss..

TZU, SUN, *A Arte da Guerra*, trad. inglesa: http://www.clas.ufl.edu/users/gthursby/taoism/suntzu.htm

VALLANÇON, FRANÇOIS, *L'Etat ou l'Odyssée*, in "EYDIKIA", I, Atenas, 1991, pp. 73 ss., trad. port. in *Teoria do Estado Contemporâneo*, org. Paulo Ferreira da Cunha, Lx. / São Paulo, Verbo, 2003

VIEGAS, FRANCISCO JOSÉ, *A Televisão da Canalha*, in "Jornal de Notícias", 23-I-2003

VILLEY, MICHEL, *Théologie et Droit dans la science politique de l'Etat Moderne*, Rome, Ecole française de Rome, 1991

WEBER, MAX, *Wirtschaft und Gesellschaft. Grundgriss des verstehenden Soziologie*, trad. ingl., *Economy and Society*, Berkeley..., University of California Press, 1978, 2 vols..

WEBER, MAX, *Wissenschaft als Beruf*, trad. port. de Paulo Osório de Castro, estudo introdutório de Rafael Gonçalo Gomes Filipe, *A Ciência como Profissão*, Lx., EUL, 2002

ÍNDICE ANALÍTICO

Preâmbulo à Primeira Edição 9
Nota Prévia à Segunda Edição 11
Índice Geral 13

Introdução
POLÍTICA E CIÊNCIA(S)
Epistemologias e Metodologias

1. A Definição tout court e a Descrição definitória 18
2. A Definição pela Etimologia 20
3. A Introdução Histórica 20
4. A Filosofia e a Epistemologia 21
5. Primeiros Caminhos para o Estudo da Política 22
6. Epistemologia Mínima 24
7. Metodologia Mínima 28
8. Política, Poderes e Normatividades 29

Parte I
DO SUJEITO POLÍTICO
Tópicos antropológicos e sociológicos

Capítulo 1. **Natureza Humana** 35
1.1. Política, Actividade Humana 35
1.2. Realidade e Natureza da Natureza humana 35
1.3. Fins e Meios na Política 38
1.4. A Política na Natureza Humana 39
1.5. Natureza Humana e Filosofias Políticas 40
1.6. Natureza, Cultura, Essência 42
1.7. Naturezas políticas do Homem 43
BIBLIOGRAFIA MÍNIMA 46

238   *Política Mínima*

Capítulo 2. **Homem e Sociedade. O "Animal político"** 47
2.1. Nominalismo, Colectivismo, Individualismo 47
2.2. Pessoa, Ideologia e Utopia 48
BIBLIOGRAFIA MÍNIMA 49

Parte II
DO OBJECTO POLÍTICO
Tópicos politológicos liminares

Capítulo 3. **Política** 53
3.1. Pré-compreensão da Política 53
3.2. Do Descrédito da Política 53
3.3. Múltiplas definições de Política 55
3.4. A Política para além do Estado 56
BIBLIOGRAFIA MÍNIMA 57

Capítulo 4. **Poder** 59
4.1. Omnipresença e Psicologia do Poder 59
4.2. Macro-poderes e Micro-poderes 60
4.3. Ambiguidade Ética do Poder 61
BIBLIOGRAFIA MÍNIMA 62

Capítulo 5. **Governo, governantes, governados** 63
5.1. Universalidade do Governo 63
5.2. Governantes vs. Governados: uma dicotomia clássica 63
5.3. Saber e Poder 64
5.4. Mudanças sociais e mudanças governamentais 65
BIBLIOGRAFIA MÍNIMA 66

Parte III
DOS FUNDAMENTOS E FINS POLÍTICOS
Tópicos filosófico-políticos

Capítulo 6. **Pessoa e Liberdade** 69
6.1. Pessoa e 'Persona' 69
6.2. Personalidade jurídica: também um problema político 69
6.3. Personalidade e Dignidade Humanas 72
6.4. Faces e Dimensões da Dignidade da Pessoa Humana 73

Índice Analítico   239

6.5. Crise da Dignidade 74
6.6. Dignidade, Direito e Política 75
6.7. Liberdade e Livre-arbítrio 75
6.8. Liberdade Política 76
BIBLIOGRAFIA MÍNIMA 78

Capítulo 7. **Autoridade e Legitimidade** 79
7.1. 'Potestas' e 'Auctoritas' 79
7.2. A Tripartição de Max Weber 80
7.3. Legitimidade 82
BIBLIOGRAFIA MÍNIMA 86

Capítulo 8. **Justiça, Bem Comum e Justiça Social** 87
8.1. Política e Justiça – enunciado do problema 87
8.2. Em demanda da Justiça nos clássicos 87
8.3. As Duas Justiças, em Aristóteles e Tomás de Aquino 88
8.4. Isolamento e Politicidade do Direito 89
8.5. A Justiça Social. Uma terceira Justiça 90
8.6. Bem Comum 92
BIBILIOGRAFIA MÍNIMA 93

Parte IV
**DA ESTRUTURA POLÍTICA OU
DAS INSTITUIÇÕES POLÍTICAS**
Tópicos juspolíticos

Capítulo 9. **Constituição e Constitucionalismos** 97
9.1. A Constituição entre o Direito e a Política 97
9.2. Teorias sobre a Constituição 98
9.3. Doutrina Constitucional Portuguesa Contemporânea (1952-2003) 98
9.4. Superação do paradigma definitório de Constituição 100
9.5. Política e Direito nas Constituições concretas 101
9.6. Constitucionalismo voluntarista e Constitucionalismo naturalista 102
9.7. Do Constitucionalismo voluntarista ou moderno 102
9.8. Relações entre os dois constitucionalismos 103
9.9. Do Constitucionalismo Naturalista e especificamente do Hispânico e do
     Português 105
9.10. Alguns conceitos operatório 107
BIBLIOGRAFIA MÍNIMA 110

240 *Política Mínima*

**Capítulo 10. Povo, Nação, Estado, Supra-Nacionalidade, Soberania e
de outras formas políticas** 111
10.1. Dificuldades hodiernas de teorização 111
10.2. No princípio era a Soberania? 112
10.3. Estado e Soberania em tempos de Globalização 113
10.4. Povo e Nação 115
10.5. Supranacionalidades 120
BIBLIOGRAFIA MÍNIMA 121

Capítulo 11. Formas de Governo 123
11.1. Palavras do Poder e do Governar 123
11.2. O que é governar? 124
11.3. Critérios e Classificações Clássicas. De Aristóteles a Montesquieu 125
11.4. Classificações formalistas das Formas de Governo 127
11.5. Formalização das Ciências Sociais em Geral 128
11.6. Formas de Governo e Ideologias 129
11.7. Globalização da democracia liberal 129
11.8. Excelência e Crise da Democracia Liberal 130
BIBLIOGRAFIA MÍNIMA 133

Capítulo 12. Direitos e Deveres 135
12.1. Actualidade dos Direitos e urgência dos Deveres 135
12.2. Demissão e Anomia Social 136
12.3. Arqueologia dos Direitos 138
12.4. Os Direitos entre Direitohumanistas e Jusnaturalistas 140
BIBLIOGRAFIA MÍNIMA 142

**Capítulo 13. Organização e Controlo do Poder.
Estado, Poderes e Separação dos Poderes** 143
13.1. Universalidade do Controlo do Poder 143
13.2. Desfazendo Ideias-Feitas 143
13.3. Poderes, Funções e Órgãos – o Problema 144
13.4. A Proposta de Lessona 145
13.5. Órgãos do Estado 146
13.6. Funções do Estado 146
13.7. Teorias de Jellinek e Duguit 147
13.8. A Escola de Viena: Kelsen e Merkl 148
13.9. Teoria de Marcello Caetano 150
13.10. Kelsen e Marcello Caetano 152
13.11. De Mane a Hauriou 153

13.12. Teses sobre as Teorias 154
13.13. Genealogia do Poder: Função, Órgão, Poderes 155
13.14. Vicissitudes Históricas da Teoria da Separação dos Poderes 157
13.15. Separação e Unidade do Poder 159
13.16. Separação dos Poderes e Poder Dominante 161
13.17. Sociedade e História 165
13.18. Montesquieu e a Fórmula da Separação dos Poderes 170
13.19. "Caminho da Servidão" (Hayek) 172
13.20. Estado economicista, de partidos, e mediático 177
13.21. Balanço de Poderes 179
13.22. O Mito da separação dos Poderes 182
BIBLIOGRAFIA MÍNIMA 193

Capítulo 14. **Sufrágio, Democracia e Representação política.**
O Estado de Direito 195
14.1. Retomando as confusões do Politicamente Correcto 195
14.2. Os lugares comuns 196
14.3. O que se estuda e o que se não estuda 197
14.4. Três Formas de Representação 198
14.5. Representação pelo Poder 198
14.6. Representação perante o Poder e evolução do sistema 199
14.7. Representação no Poder.
As duas modalidades ou fases de Governo representativo 201
14.8. Representação e Estado de Direito material, democrático 203
BIBLIOGRAFIA MÍNIMA 205

Epílogo

DA DINÂMICA POLÍTICA OU DOS CONFLITOS POLÍTICOS
Tópicos ideológicos

1. "Amigo" e "Inimigo" (Freund/Feind): força, coacção, guerra, poder 209
2. Liberdade, Propriedade e Igualdade. Justiça económica, social e internacional. O problema das discriminações 210
3. Liberdade e Responsabilidade. A Cidadania 214
4. Democracia, Representação e Interesse Público. O Estado de Direito 215
5. Ideologias e Forças políticas 217
BIBLIOGRAFIA MÍNIMA 221

BIBLIOGRAFIA GERAL

1. Direito Constitucional 223
2. Ciência Política 224
3. Teoria Geral do Estado e afins 224
4. História das Ideias Políticas e afins 225
5. Filosofia Política e afins 227
6. Sociologia Política 228
7. Dicionários, Enciclopédias, Obras de referência 228
8. Alguns textos clássicos 228
OBRAS CITADAS 229
ÍNDICE ANALÍTICO 237